Position et combinaison

Échecs Payot

Max Euwe

Position et combinaison
Les Échecs 1

Préface de Pierre Biscay

Traduction de H. P. Roosen

Supervision technique de Henry Catozzi

AVANT-PROPOS DE L'AUTEUR

En 1937 et 1938 la publication de mes articles traitant le jeu de position et le jeu de combinaison dans Chess, *le journal échiquéen anglais universellement connu, obtint un légitime succès.*

Puis — les périodes de guerre et de l'après-guerre étant terminées — le journal échiquéen hollandais Schaakmat *publiait une traduction de ces articles, lesquels suscitaient un tel intérêt que j'ai voulu en faire un résumé sous la forme d'un livre.*

Pour ce faire, une révision des articles sus-mentionnés a été faite. En outre, une analyse des parties toutes récentes mettant en relief le fil conducteur (la théorie du Centre) allant du jeu de position au jeu de combinaison, complète cet ouvrage.

Comme dans la publication Chess, *j'ai cru bien faire en donnant une place aux « Questions et Réponses » et en définitive j'ai adopté la répartition suivante :*

A — *Partie théorique.*

B — *Résumé.*

C — *Parties analysées.*

« Jeu de Position et de Combinaison » *a rencontré un chaleureux accueil dans différents pays et je suis certain qu'il en sera de même en France.*

Dr Max EUWE.

Mai 1954.

PRÉFACE

Les débutants, et même bien des joueurs exercés, terminent la phase du développement avec une certaine anxiété.

Leurs connaissances, acquises soit par l'expérience, soit dans les manuels, nombreux et souvent fort bien faits, qui enseignent la théorie des échecs, se limitent généralement aux ouvertures et ne les aident en aucune façon à résoudre les nouveaux problèmes qui se présentent à eux.

Chaque camp possède en effet des points forts et des faiblesses et un plan s'impose pour faire valoir les uns et profiter des autres. Mais sur quelles bases l'établir ?

La complexité du sujet semble défier toute analyse et cependant, grâce à un choix judicieux d'éléments simples, l'ancien champion du Monde, Max EUWE, a su dans *Positiespel en Combinatiespel*, non pas donner des formules toutes faites, mais dégager, avec la vue synthétique d'un très grand maître, des principes applicables aux positions les plus diverses.

Reprenant des notions aussi connues que le squelette de pions ou l'ouverture de lignes, Max EUWE les éclaire de son génie. Par des remarques à la fois subtiles et claires, il en dégage l'essentiel sans en négliger toutes les finesses.

Mais, direz-vous, cela est fort bien, mais comment en profiterai-je ? Les plus belles merveilles en néerlandais sont pour moi lettres mortes.

H. P. ROOSEN, compatriote de Max EUWE et marseillais d'adoption, ainsi que CATOZZI, excellent joueur français, l'ont pensé. De leur collaboration est sortie une excellente traduction de cet ouvrage magique.

Grâce à eux, les échecs français disposeront d'une nouvelle et précieuse source de savoir au moment même où de jeunes talents surgissent parmi les scolaires formés par la Fédération Française des Échecs.

Cette heureuse conjonction portera des fruits qui seront la meilleure récompense des auteurs.

Pierre BISCAY

PREMIÈRE PARTIE

PARTIE THÉORIQUE

Introduction.

Dans notre noble jeu on parle souvent de jeu de combinaison et de jeu de position, mais une question se pose tout d'abord : Quelle signification devons-nous donner à ces expressions plutôt techniques ? Je veux donc prendre la réponse à cette question comme point de départ de la « Partie Théorique » de mon ouvrage et, pour ce faire, examiner en particulier les méthodes pour obtenir et les méthodes pour faire valoir ce que nous avons l'habitude d'appeler « une bonne position ». Et il est inutile de spécifier que les deux branches de jeu marchent de pair, c'est-à-dire que nous ne pouvons voir clair dans l'une sans l'aide de continuelles comparaisons avec l'autre.

Dans un jeu de combinaisons, la lutte est concentrée entre des limites fixées et pour un certain nombre de coups. La même chose se produit lorsqu'un des joueurs oblige l'autre à jouer des coups forcés ou lorsqu'à un moment donné les deux joueurs n'ont pas le choix et qu'ils sont obligés tous les deux de faire de même tel qu'il résulte d'une fin de partie reproduite ci-après (voir diagramme N° 1).

C'est aux Blancs de jouer. La Dame est attaquée par la Tour noire, mais celle-ci est elle-même mal placée à cause du voisinage du Roi et de la Dame noirs, de sorte que ceci conduit automatiquement à un clouage de la part des Blancs par Fç4 ou g4. Comment ces derniers doivent-ils tirer profit de cette position ?

a) Immédiatement Fg4 ne donne rien ; la suite serait 1. .... T×é3 — 2. F×d7, Té1 Mat.

b) 1. Fç4 ne donne rien non plus, puisque :

1. .... Dd1+ 2. Ff1, T×é3 et les Noirs gagnent.

c) Un coup d'attente de la Dame Blanche pour se mettre en dehors de la ligne d'attaque permettrait aux Noirs d'enlever la Tour de sa position défavorable.

Diagramme 1.

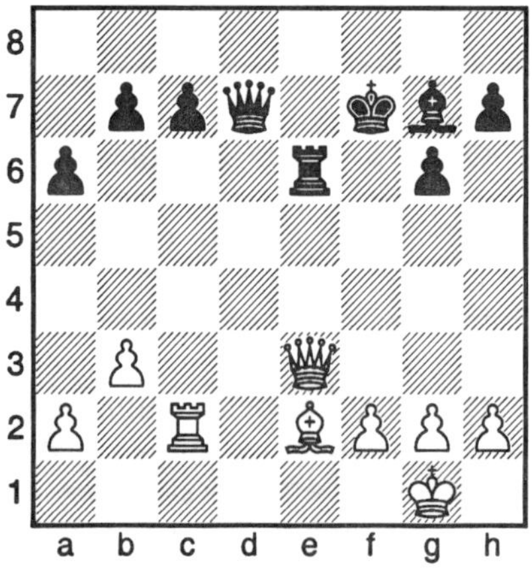

Trait aux Blancs.
Combinaison provoquée par la mauvaise position des pièces noires.

Mais voilà qu'ici une combinaison résout le problème :

1. Dé3×é6+!, Rf7×é6 — 2. Fé2—g4+, Ré6 —é7 — 3. Fg4×d7, et gagnent. Si les Noirs répondent après 1. Dé3×é6+!, Dd7×é6, alors 2. Fé2—ç4, de sorte que les Blancs obtiennent la Dame et la Tour, contre la Dame et le Fou, et finissent donc leur combinaison par un gain de la qualité.

En conséquence, nous voyons qu'un avantage passager (la mauvaise position des Noirs sur les diagonales blanches sur lesquelles un Fou peut opérer avec succès) a été mise à profit par les Blancs au moyen de deux coups décisifs.

Le premier coup des Blancs 1. D×é6+ a forcé les Noirs à jouer soit : 1. ......R×é6, soit D×é6, seuls coups d'ailleurs possibles pour éviter la *perte immédiate* de la partie.

La position du Diagramme N° 2 nous montre une combinaison aux nombreuses variations. Il est facile

Diagramme 2.

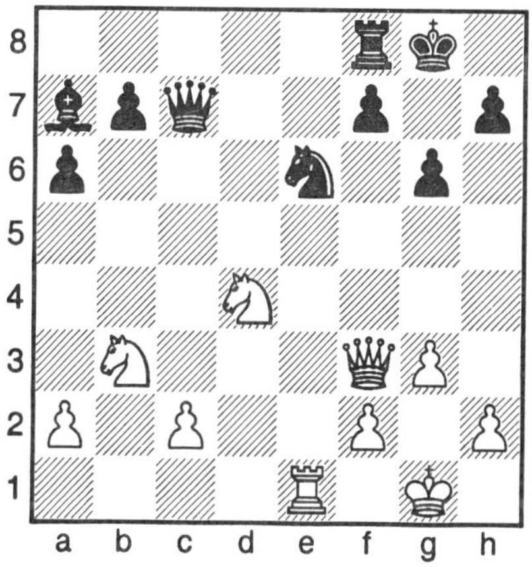

Trait aux Blancs.
Combinaison provoquée par la mauvaise position des pièces noires.

de voir que les Noirs viennent de jouer Cé6, ne craignant pas l'échange car après :

1. C×é6, f×é6 — l'attaque simultanée du Fou et de la Tour noirs sur f2 se révèlerait décisive.

Mais voilà que les Blancs constatent que deux pièces noires (la Dame et la Tour) sont placées sur des cases qu'un Cavalier, sous certaines conditions, pourrait attaquer à la fois. Si par exemple le Cavalier blanc se trouvait à é6, il attaquerait et la Dame et la Tour noires. Ici donc les Blancs créent un jeu de combinaison de 4 coups :

1. Té1×é6!, f7×é6 — 2. Df3×f8+ ! Rg8×f8 — 3. Cd4×é6+, R ad libitum, — 4. Cé6×ç7 et les Blancs gagnent facilement avec une pièce et un pion de plus.

Toutefois, avant de mettre leur plan à exécution, les Blancs doivent se rendre compte de plusieurs choses importantes. Supposons que nous jouons cette partie et que nous venons de trouver cette combinaison, nous ferions une erreur de croire que notre adversaire après 1. T×é6, prendra la Tour sans hésitation ; nous devons examiner également d'autres possibilités. Quelle est la suite par exemple après 1. ....F×d4? Ici nous pouvons répondre par 2. C×d4 et continuer comme dans la variante principale en obtenant un gain de pièce. Qu'arrive-t-il si les Noirs refusent toujours de prendre la Tour et attaquent notre Cavalier avec leur Dame? Exemple : 1. T×é6,F×d4— 2. C×d4, Dd8 — 3. Té4, f5 — 4. Tf4, g5 — l'ultime essai de regagner la pièce. 5. T×f5 et les Blancs gagnent ; le Cavalier à d4 est « tabou » à cause de la double attaque sur f8.

Il y a encore une autre possibilité que nous devons envisager : les Noirs peuvent-ils nous donner un échec intermédiaire ? Ceci est d'une grande importance parce que toute notre combinaison s'appuie sur le fait que les pièces noires occupent des cases qui permettent cette combinaison et que le changement de case d'une seule pièce au moyen d'un coup d'échec de notre adversaire jetterait bas notre combinaison comme un château de cartes. Heureusement pour nous, une telle possibilité n'est pas à envisager.

En définitive, les exemples 1 et 2 ont été donnés dans le seul but d'expliquer le sens de l'expression technique « Jeu de Combinaison » et nous pouvons maintenant reprendre le fil de notre thème d'origine.

Le jeu de combinaison est principalement appliqué là où les positions présentent beaucoup de lignes ouvertes et peu ou pas de pions bloqués (pions devant lesquels se trouvent un autre pion blanc ou noir). Il faut bien comprendre que le jeu de combinaison repose exclusivement sur le profit que l'on peut tirer de possibilités ou occasions passagères.

Par contre, dans le jeu de Position, nous avons affaire avec l'existence de faiblesses dans la position de l'adversaire et avec l'évaluation de celles-ci ; nous pouvons faire une distinction entre « *faiblesses passagères* » et « *faiblesses positionnelles* » durables.

En général, les faiblesses passagères sont dues à une mauvaise position d'une ou plusieurs pièces faciles à attaquer. Plus grande se trouve être la valeur de ces

Diagramme 3.

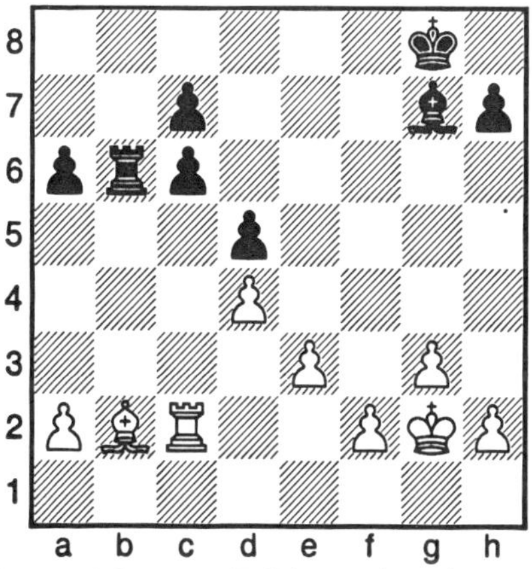

Trait aux Blancs : Faiblesse des pions noirs.
Trait aux Noirs : Faiblesse des pions blancs.

pièces, plus dangereuse est la faiblesse ; tandis que les faiblesses durables sont dues à une mauvaise position des pions.

Le diagramme N° 3 nous montre la différence entre les deux sortes de faiblesses.

Le pion noir doublé ç6 sur la colonne ç est une faiblesse durable. Une telle faiblesse est comme une maladie inguérissable, qui provoque des difficultés sans fin. Maintenant, pour parler au figuré, il ne faut pas perdre de vue que certaines personnes souffrant d'une maladie inguérissable atteignent un âge très avancé, tandis que leurs amis jouissant d'une bonne santé peuvent être enlevés par un accident subit. C'est ainsi que dans le jeu d'Échecs nous devons comprendre que le fait d'avoir créé un point faible dans le jeu de notre adversaire ne peut être qu'un petit pas sur le chemin de la victoire et que nous devons travailler durement pour pouvoir en tirer profit. En outre, nous devons être sur le « qui-vive » pour éviter des combinaisons qui peuvent nous surprendre et nous faire perdre la partie en quelques coups.

Si vous voulez évaluer la valeur d'une faiblesse « durable » dans la position des Pions de votre adversaire, il faut vous assurer auparavant que cette faiblesse est vraiment de nature durable.

C'est ainsi que les Blancs dans le Diagramme N° 3 doivent empêcher que les Noirs par 1. .... ç5 se débarrassent de cette faiblesse.

En conséquence, les Blancs jouent immédiatement 1. Fb2—a3. Ensuite, ils essaieront d'inquiéter leur adversaire sur un autre front, par exemple sur l'aile Roi ou au centre. Ils pourraient par exemple s'efforcer d'obtenir un Pion passé ou ouvrir une colonne pour leur Tour. Il sera donc vite prouvé que le désavantage qui découle du Pion doublé des Noirs est d'ordre indirect puisque les Noirs ne peuvent jamais déplacer leur Tour, à moins que les Blancs abandonnent l'attaque sur le Pion faible. Il existera toujours le danger que les Blancs, après une préparation suffisante, dirigent leur Tour vers un autre point d'attaque, cependant que les Noirs ne seront pas en mesure d'être à temps à l'endroit attaqué où leur Tour pourrait éviter des dégâts irréparables. Plus tard nous examinerons cette question en détail.

La solution du problème d'ailleurs change selon la priorité du trait. C'est ainsi que si le trait est aux Noirs, ils peuvent obtenir l'avantage au moyen d'une simple combinaison. En jouant 1. . . . . . . .ç6—ç5, ils exécutent un coup qui est possible à cause de la mauvaise position du Fou de l'adversaire. Les Blancs ne peuvent prendre le Pion ni avec leur Tour, ni avec leur Pion d, parce que dans les deux cas la réponse Tb6×b2 leur coûte une pièce. De sorte que, quel que soit le coup des Blancs, par ex. : 2. Fa3, les Noirs, par 2. . . . c5—c4, obtiennent un renversement de la situation et changent une *faiblesse durable* en un *avantage durable* par l'existence d'un pion passé sur la colonne c. Nous connaissons trop la force d'un pion passé qui nous oblige à immobiliser des pièces afin d'empêcher l'avancement à Dame, pour que nous en parlions davantage.

Maintenant que nous connaissons la différence entre « faiblesses passagères » et « faiblesses durables », il n'y a plus de raison pour ne pas employer les expressions « faiblesses de pions » et « faiblesses de pièces ». Nous avons vu que les premières sont durables et les secondes passagères. Nous devons tenir compte du fait que la conséquence directe d'une faiblesse de pions est moins dangereuse qu'une faiblesse de pièces. La dernière peut amener une combinaison qui conduit tout droit à la perte de la partie. (Voir diagrammes 1 et 2).

Les faiblesses de pions sont les clés d'un jeu de position. Pour gagner une partie au moyen d'un jeu de position, il est nécessaire de pouvoir reconnaître les faiblesses et de savoir en tirer parti. Créer une faiblesse de pions chez l'adversaire est une question de stratégie ; en tirer profit est une question de technique. Pour la première il faut du talent, pour la seconde il faut de l'énergie et de la ténacité. En général, on joue une partie « positionnellement ». Néanmoins, vous devez examiner d'une façon continue si dans votre propre jeu et dans le jeu de votre adversaire, il n'y a pas de signes de faiblesses pouvant vous désavantager ou vous faire obtenir un gain concluant. Un bon joueur de position doit être en même temps un bon tacticien. La tactique se compose de la recherche, de la découverte et de l'exécution d'une combinaison.

Le jeu de combinaison n'est pas l'opposé du jeu de position, mais son complément. En premier lieu vient le jeu de position, le jeu de combinaison vient ensuite. Afin de mettre en relief les principes du jeu de position, nous commencerons par l'étude de bonnes et de mauvaises chaînes ou positions de pions, et cette étude formera le sujet du premier chapitre.

Un résumé des principales règles touchant la marche et la position des pions, termine cette introduction.

I. — La valeur du pion est variable.

Dans les ouvertures, les pions les plus importants sont ceux qui exercent la plus grande influence au centre.

Le « CENTRE » est formé des cases suivantes : d4, é4, d5, é5. Un pion domine le centre lorsque :

a) Le pion occupe une de ces quatre cases.
b) Le pion peut avancer à une de ces cases.
c) Le pion protège une de ces cases.
d) Le pion peut indirectement exercer son influence sur une de ces cases.

N'oubliez pas qu'un pion ne protège pas la case sur laquelle il se trouve.

II. — Un pion domine à un certain moment des cases blanches ou des cases noires et lorsque deux pions se trouvent côte à côte, ils contrôlent évidemment les quatre cases adjacentes, c'est-à-dire deux blanches et deux noires. Les deux pions ont une position favorable au maximum et c'est pour cela qu'un pion qui a perdu ses deux voisins (un pion isolé) est en général un pion faible, c'est-à-dire plus faible que lorsqu'il était entouré de ses frères. Pour cette même raison, tous les pions ayant perdu la possibilité d'occuper une position horizontale du type d4—é4 (pions doublés) sont à considérer comme très faibles.

III. — Soyez économes et prudents avec vos pions ! Pensez que chaque avance de pion signifie un changement complet de la position et un engagement qui peut influencer l'issue de la partie.

I. — *Le squelette de pions.*

La formation des pions est l'épine dorsale de la position ; elle lui donne son indépendance et son caractère. La faiblesse et la force des pièces dépend de la formation des pions. Une bonne formation peut augmenter l'activité des pièces, tandis qu'une mauvaise formation peut en anéantir la puissance.

Comment devons-nous juger une formation de pions ? Ceci est une question qui mérite une réponse réfléchie. Commençons par étudier la position du début. Les pions se trouvent sur un rang et protègent chacun soit deux cases blanches, soit deux cases noires. (Respectivement la 3e et la 6e rangée horizontale). Un pion sur l'aile (donc un pion *a* ou *h*) couvre moins de terrain que les autres pions ; il ne couvre qu'une case, tandis que ses collègues en prennent deux pour leur compte.

En conséquence la valeur d'un pion sur l'aile est moins grande que celle des autres pions et ce même désavantage se présente dans différents types de finales lorsque tout l'intérêt de la partie se concentre dans la marche en avant de pions vers la 8e rangée pour obtenir la promotion. La promotion d'un pion sur l'aile est souvent plus difficile que celle d'un autre pion. Comme seule compensation, un pion sur l'aile possède la qualité de pouvoir annuler contre le Roi et la Dame de l'adversaire, mais à condition qu'il se trouve sur la 7e rangée et en compagnie de son roi (les pions *c* et *f* peuvent seuls en faire autant).

Sans vouloir approfondir davantage cette question pour le moment, nous pouvons remarquer que la valeur des pions varie et que le même pion pendant la durée de la partie peut continuellement changer de valeur.

Au début de la partie, un pion doit être avancé au plus vite, autrement on risque d'enfermer ses pièces. Il est logique d'avancer les pions qui donnent de l'espace au plus grand nombre de pièces, en l'occurrence les pions d et é.

En regard de cette qualité, les pions en question sont les plus importants et lorsqu'au début nous les poussons respectivement à d4 et é4, le développement de nos pièces est assuré. Si, au contraire, nous avancions un autre pion, il nous faudrait au moins trois coups de pions ou même davantage pour mobiliser toutes nos troupes vers le terrain de la bataille.

Les premiers mouvements de pions ont une plus grande signification que celle de faire de la place pour nos pièces ; ces pions doivent également être capables de protéger les pièces développées contre les attaques de l'adversaire. Ceci ne serait en définitive presque jamais possible si les pions du centre n'étaient pas avancés et dans ce cas les Cavaliers seraient les plus vulnérables. Ces derniers sont donc à développer au plus vite et doivent occuper un poste non loin de la ligne ennemie pour être en mesure d'attaquer si c'est nécessaire. Dans la position du départ, chaque Cavalier peut sauter deux cases et si les pions du centre ont avancé, ils auront trois cases à leur disposition. Un bref examen nous apprend que les cases f3 et ç3 sont les meilleures cases pour les Cavaliers. De là chaque Cavalier domine deux cases du centre dont une sur terrain ennemi et, en dehors de ces deux cases, encore deux autres sur l'aile.

C'est la raison pour laquelle nous devons nous efforcer de développer nos Cavaliers vers les cases f3 et ç3 (pour les Noirs les cases f6 et ç6) et les protéger contre les attaques de pions ennemis.

Comme ceci n'est possible qu'après la formation d'un fort centre, le diagramme suivant nous en donnera l'illustration.

Ici les Noirs ont avancé leurs pions b et g au lieu

de leurs pions du centre. Ces coups de pions peuvent être bons pour le développement des fous sur les ailes (g6, suivi de Fg7 « le fianchetto »), mais doivent être

Diagramme 4.

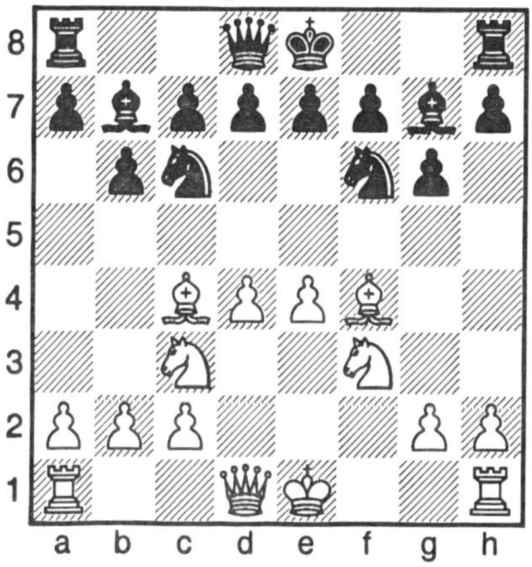

Mauvaise stratégie des Noirs.
Centre négligé.

accompagnés d'une préparation centrale adéquate. Le développement des Fous aux ailes est une arme difficile à manier et ne doit être recommandé qu'à des joueurs très avancés. Le diagramme N° 4 nous montre un fianchetto malheureux. Les Noirs ont complètement négligé leur centre et leurs Cavaliers peuvent être attaqués par les pions ennemis à tout moment. Un exemple de mauvaise stratégie !

La formation des pions dans le diagramme N° 5 est également défavorable pour les Noirs. Les Blancs n'ont pas seulement deux pions sur les cases du centre, mais ces pions se trouvent en position idéale, c'est-à-dire côte à côte. Les Noirs n'ont qu'un pion au centre ; en outre, celui-ci n'a été avancé que d'une case, de sorte qu'il ne peut exercer aucune influence sur la marche des troupes ennemies. En conséquence, les Cavaliers blancs ont le jeu libre, sans menace des pions ennemis, tandis que les Cavaliers noirs se trouvent déjà dans une situation déplaisante à cause de la menace é5 ou d5.

Diagramme 5.

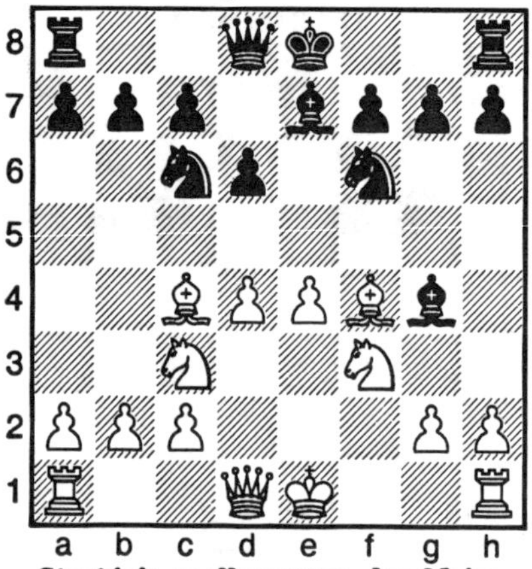

Stratégie malheureuse des Noirs.
Faiblesse du centre.

Néanmoins, les Blancs ne doivent pas pousser ces pions pour le moment. Ils doivent attendre jusqu'à ce que la situation devienne telle que cette poussée obtienne le plus grand effet pour la plus petite perte de temps.

C'est ainsi que les Blancs mobilisent d'abord leurs pièces lourdes (la Dame et les Tours). Les Noirs qui disposent de peu de terrain pour manœuvrer, à cause de la mauvaise construction de leur centre, auront des difficultés de plus en plus grandes et bientôt la situation sera telle que la poussée des pions centraux des Blancs deviendra imminente.

Dans le Diagramme N° 6, nous montrons une situation centrale qui est très fréquente. Les Blancs ont deux pions au centre, tandis que les Noirs, pour ainsi dire, ont un pion et demi. Nous appelons le pion noir à d6 un demi-pion, parce qu'il n'a avancé que d'une case vers le carré é4—d4—d5—é5, dont nous avons souligné l'importance dans l'introduction.

Ce pion toutefois remplit une fonction importante, il défend le pion du centre é5. C'est-à-dire que si les Blancs jouaient d4×é5, les Noirs répondraient par :

Diagramme 6.

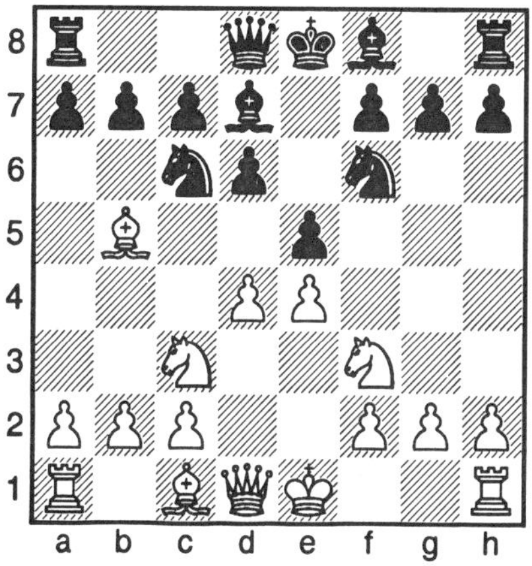

Bonne stratégie des Noirs.
Les Blancs n'ont qu'un petit avantage au centre.

d6×é5 et la position au centre serait égale. Si nous examinons la sécurité des Cavaliers, nous verrons qu'aucun Cavalier blanc ne peut être attaqué. Il en est de même en ce qui concerne le Cavalier noir à f6. Par contre la poussée du pion blanc à d5 chasserait le Cavalier noir, un léger avantage qui ne doit pas être surestimé, et auquel les blancs ne doivent même pas faire appel dans la situation présente. En effet, le pion blanc à d4 occupe une fonction aussi importante que le pion noir à d6, il attaque notamment le pion é5, et exerce ainsi une pression sur celui-ci. Dans le cas où les Blancs joueraient trop précipitamment d4—d5, la pression sur é5 disparaîtrait, et les Noirs n'auraient plus aucun souci au sujet de la protection du centre ; ils ne pourraient plus être attaqués par les pions adverses et auraient de bonnes chances d'obtenir un jeu égal par : Cé7, Cg6, Fé7, O—O et bientôt f7—f5.

En conséquence, n'abandonnez jamais la pression sur le centre ennemi, à moins d'obtenir un avantage net et précis ! C'est ainsi que les Blancs dans le Diag. 6 s'efforceront de faire jouer é5×d4 par leur adversaire.

Le Diag. 7 montre l'essentiel de la situation après l'échange. Le pion d des Blancs et le pion é des Noirs ont disparu et tandis que les Blancs ont encore un pion au centre, les Noirs y ont conservé un demi-pion. De là l'expression technique par laquelle nous désignerons la nouvelle formation des Noirs : « Le demi-centre ».

Diagramme 7.

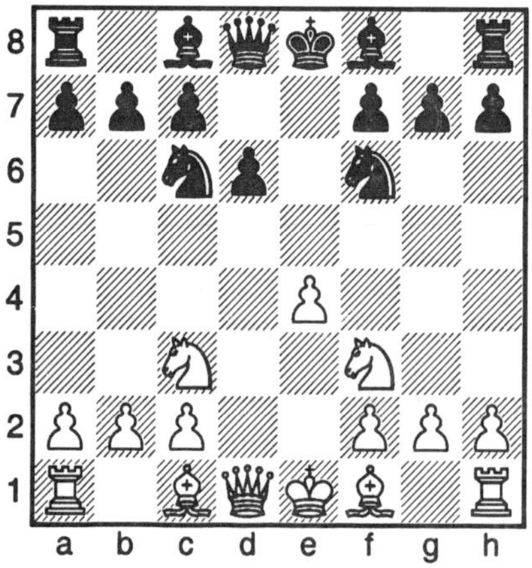

La position au centre est à l'avantage des Blancs.
Avant-postes à d5 et f5.

Il existe encore une autre forme de « demi-centre » : lorsque les Blancs possèdent un pion à d4 et les Noirs un pion à é6, et bien entendu les deux formations identiques dans lesquelles, les Noirs possèdent le pion du centre (et l'avantage qui en résulte) et les Blancs, seulement le « demi ». L'avantage de la possession d'un pion du centre se trouve dans une plus grande liberté de mouvement. Ainsi dans le Diag. 7, les 4 Cavaliers sont en sécurité, mais le pion é des Blancs exerce une pression sur deux cases dans le terrain ennemi, tandis que le pion d des Noirs tient seulement des cases sur son propre terrain avec le résultat que les Blancs ont la possibilité de placer une pièce (de préférence un Cavalier) sur les cases d5 ou f5 où elle peut être protégée et ne pas être chassée facilement. Les cases se trouvant sur terrain ennemi et protégées par nos propres pions, s'appellent « Postes avancés ».

Les postes avancés garantissent l'initiative de sorte que les Noirs dans le Diag. 7 seront vite acculés à la défensive. Leur but doit être le développement de leurs pièces et une tentative d'échange par laquelle la liberté de manœuvre plus grande des Blancs perdrait de son importance.

Lorsque votre position est serrée, il vaut mieux ne posséder que peu de pièces. En effet, celui qui dispose d'un grand espace vital a besoin d'une garnison importante. De sorte que les Blancs qui, dans le Diag. 7, possèdent plus d'espace que les Noirs éviteront l'échange.

Dans les diagrammes 8 et 9, nous faisons la connaissance de deux formations typiques qui comportent des pions centraux isolés. La possession d'un pion isolé

Diagramme 8.

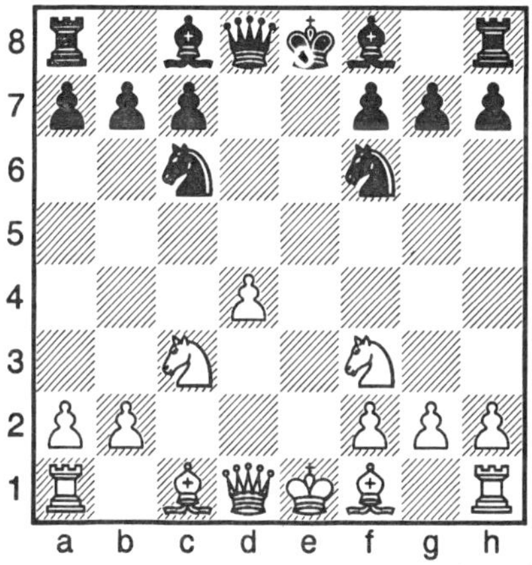

Centre de pion isolé mais non bloqué.
Chances égales.

n'est pas agréable en général, mais il y a des circonstances où le pion isolé peut avoir une grande valeur.

Le Diag. 8 nous montre les Blancs avec un pion central isolé et les Noirs ne possédant pas de centre du tout. Le résultat est que les chances sont à égalité, parce que le pion blanc pourrait avancer à d5, chassant ainsi le Cavalier de la case ç6, et dérangeant le développement des pièces ennemies.

Tout autre est la situation dans le Diag. 9 où le pion isolé ne peut avancer plus loin parce qu'il reste sous le contrôle du pion « demi-central » é3. La case protégée d4

Diagramme 9.

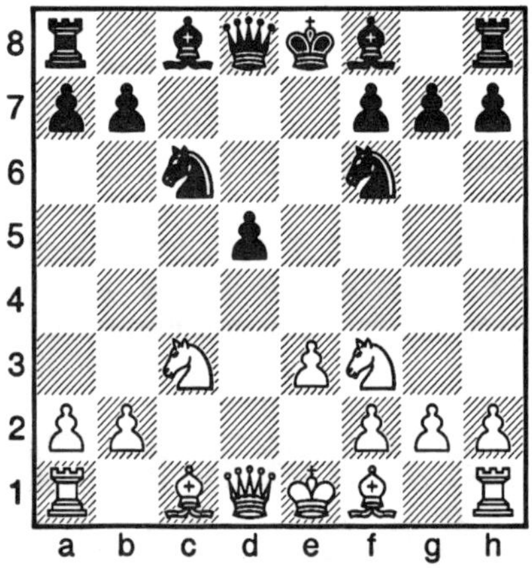

Centre de pion isolé et bloqué.
Les Blancs ont une meilleure position.

est en possession des Blancs ; elle est pour le restant de la partie à l'abri d'attaques des pions noirs ; le pion isolé peut être maintenu en place, et attaqué plus tard. Il serait sage pour les Blancs, d'occuper la forte case d4 en y plaçant un Cavalier (le Fou aussi y serait à sa place, mais il faudrait trop de temps pour l'y amener), et de maintenir cette occupation en prenant garde de ne jamais faire occuper cette case par un de leurs propres pions à la suite d'un échange malheureux. Toutefois, les Noirs ne sont pas dépourvus de possibilités capables de renverser la situation. Leur pion central contrôle deux cases du terrain adverse et s'ils réussissent à y placer deux pièces (« Postes avancés »), ils auront de jolies chances d'attaque.

Sur la signification du centre nous pourrions écrire des pages entières, et bien que nous soyons obligés de passer maintenant à d'autres sujets non moins importants, nous revenons tout au long de cet ouvrage sur la question primordiale, celle de la « théorie du centre », base de départ des parties de Maîtres.

Les diagrammes 8 et 9 nous ont familiarisé avec la valeur des pions isolés, ce qui forme une introduction toute trouvée pour le chapitre suivant intitulé « Faiblesses des pions ».

II. — *Faiblesses des pions.*

La force des pions et leur faiblesse sont deux thèmes qui ne peuvent pas être traités séparément. Étant donné que la position de départ ne révèle aucune faiblesse dans l'une ou dans l'autre des formations des pions adverses, ce n'est qu'au cours des opérations que ces faiblesses apparaissent et marquent le caractère de la partie. De là le titre de ce chapitre « Faiblesses des Pions ».

Comme une chenille devient successivement chrysalide et papillon, un pion parcourt trois phases d'existence, *a*) pion ; *b*) pion passé ; *c*) Dame. Un pion ne peut devenir une Dame sans avoir été un pion passé.

Le Diag. 10 explique le principe du pion passé. Les pions g2 et a7 sont des pions passés parce que sur leur parcours vers la huitième rangée, ils ne peuvent être arrêtés par des pions ennemis.

Les pions passés sont très dangereux et procurent presque toujours beaucoup de soucis. Leur marche en avant peut seulement être arrêtée par des pièces et étant donné qu'une pièce légère telle que Cavalier ou

Fou vaut trois pions, il est bien entendu désagréable d'immobiliser une pièce pour le blocage d'un petit pion.

Diagramme 10.

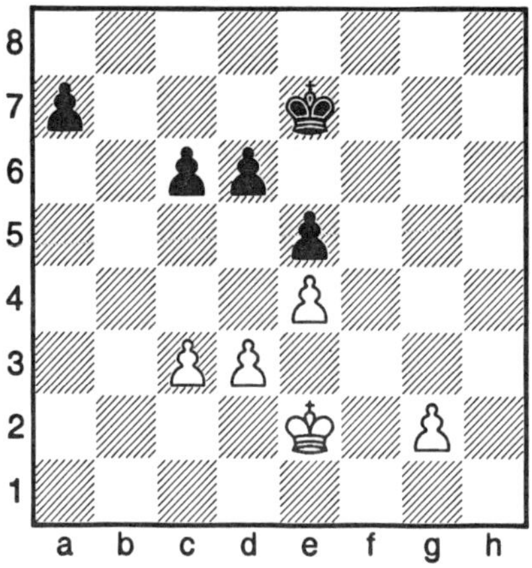

Le pion passé.

L'avantage d'un pion passé se révèle, surtout dans une fin de partie, lorsque toutes les pièces ont été échangées.

Le Diag. 11 nous montre la valeur d'un pion passé dans la pratique. Matériellement, les adversaires sont à égalité ; les Blancs possèdent cependant un pion passé, tandis que les Noirs n'en ont pas. La position des Noirs souffre d'une faiblesse dynamique. Tôt ou tard, le Roi noir sera obligé de faire une expédition sur l'échiquier pour arrêter la marche en avant du pion passé ; le Roi blanc en profitera pour faire une hécatombe de pions noirs. Il en résulte que les difficultés croîtront avec la distance à parcourir pour le Roi noir ; si par exemple le pion se trouvait à ç2 au lieu de a2, il serait plus facile pour le Roi noir de l'arrêter, tandis que si le pion était plus éloigné il faudrait davantage de coups pour l'atteindre.

La distance se calcule par colonnes et non autrement. Le pion a est donc éloigné du Roi de trois colonnes, un pion b de deux colonnes. Pour prendre le pion a, le Roi Noir doit faire trois pas à gauche et autant pour revenir ; pour prendre un pion b, il faudrait quatre pas pour l'aller et retour.

Diagramme 11.

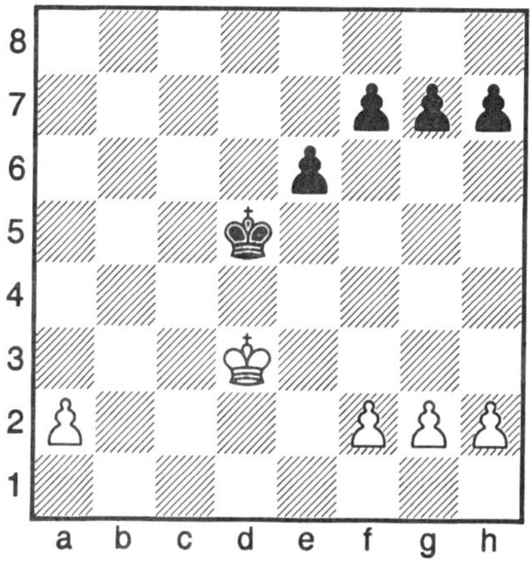

Le pion passé éloigné.

Selon la position des pions, ils portent le nom de pion passé, pion passé éloigné ou pion passé très éloigné et, bien entendu, plus un pion se trouve loin du Roi ennemi, plus il est fort.

Examinons par une analyse les possibilités dans le Diag. 11 ; on pourrait jouer : 1. h2—h4, h7—h5 — 2. f2—f3, é6—é5 — 3. g2—g3, f7—f5 — 4. a2—a4, é5—é4+ — 5. f3×é4+, f5×é4+ — (Maintenant les deux joueurs ont chacun un pion passé, mais le pion blanc est le plus éloigné, ce qui décide du résultat de la partie) — 6. Rd3—é3, Rd5—é5 — 7. a4—a5, Ré5—d5 — 8. a5—a6, Rd5—ç6. (Les Noirs n'ont pas le choix. S'ils n'abandonnent pas leur pion, le pion a des Blancs avance à Dame sans être inquiété) — 9. Ré3×é4, Rç6—b6 — 10. Ré4—f5, Rb6×a6 — 11. Rf5—g5 et les deux pions noirs sont perdus.

Dans le Diag. 12, nous faisons connaissance avec les

pions passés protégés et les pions passés liés. C'est seulement lorsqu'un pion passé *est* ou *peut être* protégé par un autre pion que nous l'appelons pion passé protégé. Nous ne nous occupons donc pas d'une possible protection par des pièces. Les pions passés liés sont des

Diagramme 12.

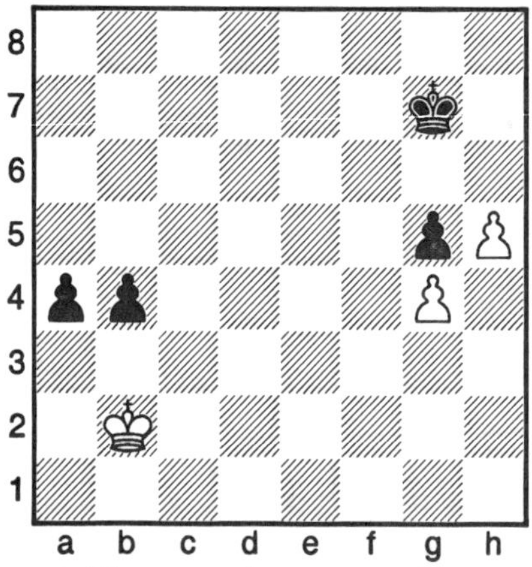

Pions passés et protégés.

pions qui se trouvent sur deux cases adjacentes. De tels pions peuvent se protéger mutuellement si c'est nécessaire. Le Diag. 12 nous montre les Blancs avec un pion passé protégé à h5 et les Noirs avec deux pions passés liés. Les Noirs ont l'avantage matériel, parce qu'ils ont un pion en plus. Mais le pion passé protégé des Blancs est le plus fort parce qu'il entrave la liberté de mouvement du Roi noir. Ce dernier est forcé de rester dans le carré formé par les cases é5—h5, h8—é8. Aussitôt que le Roi noir quitte ce carré, le pion blanc h va directement à Dame. En conséquence, le Roi noir ne pourra jamais appuyer la marche en avant de ses pions et ceux-ci ne pourront jamais tout seuls dépasser le Roi blanc. Le résultat sera donc « partie nulle ».

Le Diag. 13 nous rappelle que nous devons être prudents.

Les Blancs ont un pion en plus et doivent gagner s'ils jouent bien. Néanmoins, ils pourraient commencer fâcheusement par 1. b2—b3, ce qui conduirait immédiatement à la perte de la partie, puisque les Noirs répondraient par 1. ......b5—b4 ! se créant ainsi un pion

Diagramme 13.

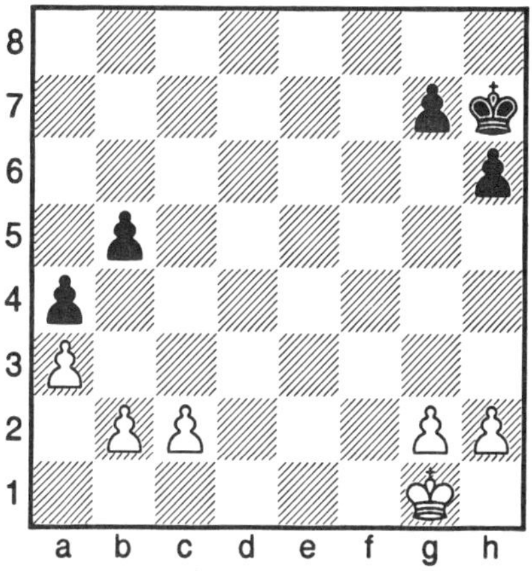

Attention !!

passé, qui serait plus éloigné que celui des Blancs. Après 2. a3×b4 suit naturellement 2. ......a4—a3! et après 2. b3×a4, la réponse est 2. .....b4×a3. Dans chaque cas, nous voyons que le pion noir arrive à Dame avant le pion blanc. Il est facile de comprendre que la valeur d'un pion augmente à mesure qu'il s'approche de la 8e rangée.

Le Diag. 14 nous montre un avantage net pour les Blancs parce qu'ils se créent sans peine le pion passé le plus éloigné : 1. b2—b3, Rf7—é6 ; 2. Rf2—é3, Ré6—é5 — 3. h2—h4, g7—g6 — 4. a2—a3, h7—h6 — 5.b3—b4, a5×b4 — 6. a3×b4, g6—g5 — 7. h4×g5, h6×g5 — 8. b4—b5, Ré5—d5 — 9. b5—b6, Rd5—ç6 — 10. Ré3—d4, Rç6×b6 — 11. Rd4—é5, et les Blancs prennent les pions noirs qui restent et gagnent facilement.

Diagramme 14.

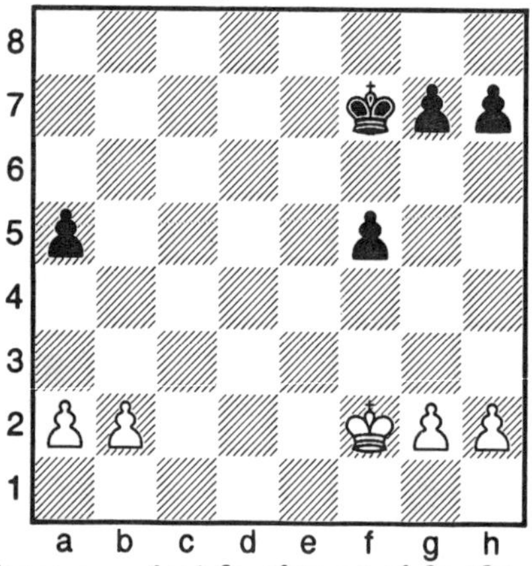

Les Blancs se créent le pion passé le plus éloigné.

Supposons que les Blancs n'aient pas commencé par 1. b2—b3, mais par 1. a2—a3. Ce coup est mauvais parce que les Noirs répondent immédiatement par 1. ....a5—a4! et les pions blancs sont paralysés.

Examinez la position du Diag. 15. Les Blancs sont en mauvaise posture, parce que leur avantage matériel

Diagramme 15.

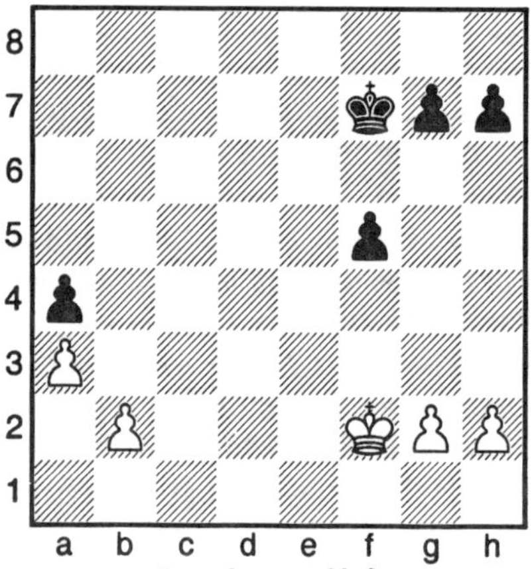

Le pion arriéré.

sur l'aile dame n'a pas de valeur et les Noirs se créent en peu de temps un pion passé. 1.Rf2—é3, g7—g5 — 2. Ré3—d4, Rf7—é6 — 3. Rd4—ç4, f5—f4 — et les Noirs gagnent, car 4. Rç4—b4 perd par 4. ....g5—g4 suivi de 5. ....f4—f3, tandis que 4. h2—h3 ne donne rien à cause de 4. ....h7—h5 suivi de 5. ....g5—g4 ; il en sera de même après 4. Rç4—d4, Ré6—f5.

La plus grande faiblesse des Blancs dans le Diag. 15 se trouve dans le pion b2, qui par le coup des Noirs a5—a4 est devenu un pion « à la traîne ».

Un pion en souffrance ou en retard est un pion qui se trouve sur une colonne ouverte, mais dont la marche en avant est gênée par un pion ennemi sur une colonne adjacente.

Plus grande sera la distance entre un tel pion et sa ligne de promotion, plus grande sera sa faiblesse.

Particulièrement mauvaise est la formation de l'aile dame dans le Diag. 15 puisque par suite du retard du pion b, le pion a est condamné à l'inactivité. En fait, les Blancs jouent avec un pion en moins. Pour éviter une faute telle que le serait le coup 1. a2—a3 dans le Diag. 14, il faut suivre la règle suivante :

Afin d'obtenir un pion libre, avancez toujours et en premier lieu, le pion qui se trouve sur une colonne ouverte. (Donc ici le pion b2).

Le Diag. 16 montre un autre exemple d'un pion retardé ou « à la traîne ». Le pion a des Blancs est resté en arrière ; en conséquence, les Blancs ne peuvent plus l'utiliser.

Le Diag. 17 nous montre une autre position, qui, bien qu'elle doive se terminer par la nullité peut finir en partie perdue pour les Blancs et ceci par une faute que des joueurs novices commettent souvent, c'est-à-dire une poussée de pions qui n'a pas été précédée d'une réflexion suffisante.

Le bon coup est : 1. Rd4 ou 1. Ré4 mais si les Blancs jouent 1. a3—a4, ils perdent, parce qu'une chaîne de pions sur l'aile dame peut être rompue par : 1. ....

Diagramme 16.

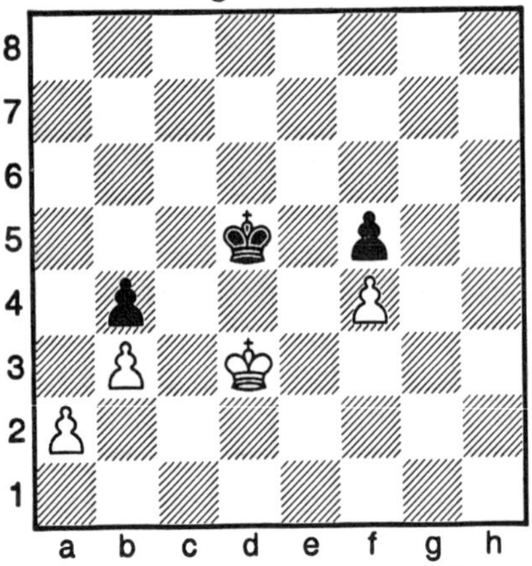

Un pion arriéré rend un avantage numérique sans valeur.

a7—a5! (un sacrifice qui rend le chemin libre pour le Roi noir. Si le pion *a* des Blancs était resté sur la case a3, les Blancs auraient pu négliger le coup des Noirs : a7—a5). La suite sera maintenant : 2. b4×a5, Rd6—ç5, 3. Ré3—d3, Ré5—b4 — et les deux pions *a* des Blancs sont perdus. Après 2. b4—b5, les Noirs gagnent de la

Diagramme 17.

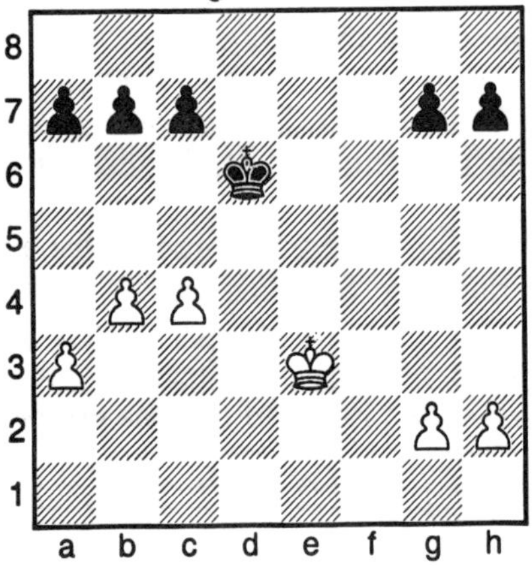

A nouveau : Faites attention !

même façon : 2. ....Rd6—ç5 — 3. Ré3—d3, Rç5—b4, etc.

Dans les Diag. 18 et 19, nous mettons en relief une

Diagramme 18.

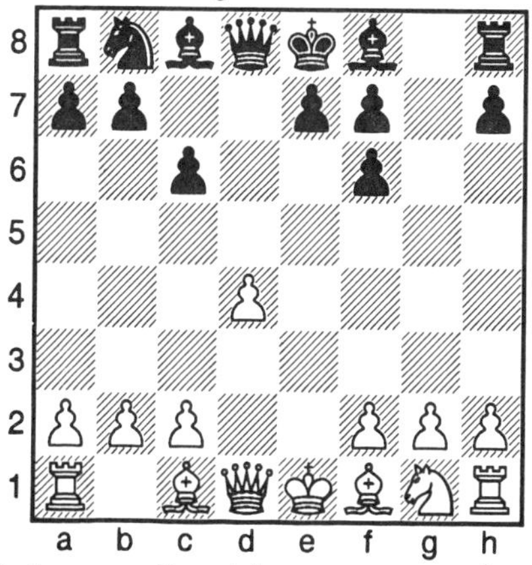

Pions doublés à cause d'un échange avec reprise vers le centre.

des faiblesses de pion les plus connues, c'est-à-dire la faiblesse des pions doublés. Les deux positions 18 et 19

Diagramme 19.

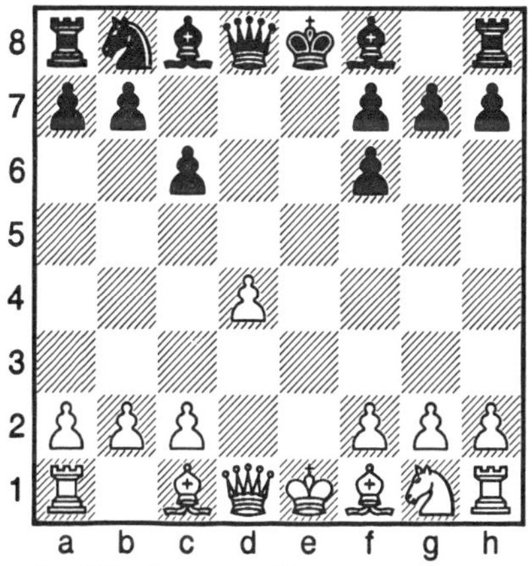

Pions doublés à cause d'une reprise vers l'aile.

se rencontrent fréquemment ; elles sont le résultat de la défense Caro-Kann : 1. é2—é4, ç7—ç6 — 2. d2—d4, d7—d5 — 3. Cb1—ç3, d5×é4 — 4. Cç3×é4, Cg8—f6 — 5. Cé4×f6+.

Si maintenant les Noirs reprennent par g7×f6, nous aurons la position 18 ; si les Noirs reprennent par é7×f6, nous aurons la position 19. Dans les deux cas, la chaîne des pions noirs a été affaiblie ; laquelle de ces méthodes est la moins mauvaise ? Tout est là !

Dans la position 18, les Noirs auront quelque difficulté pour roquer. Dans la position 19 par contre, les Noirs auront des difficultés sans fin aussi bien dans le milieu de la partie que dans la finale. La position 18 est supportable ; la partie peut être poursuivie avec des chances égales, tandis que dans la position 19, le désavantage des Noirs se fera sentir de plus en plus. Supposons que toutes les pièces soient échangées sans changement essentiel dans la formation des chaînes de pions, nous obtiendrons la position du Diagramme N° 20 où les Blancs gagneront du fait qu'ils pourront sans beaucoup de peine se créer un pion passé, tandis

Diagramme 20.

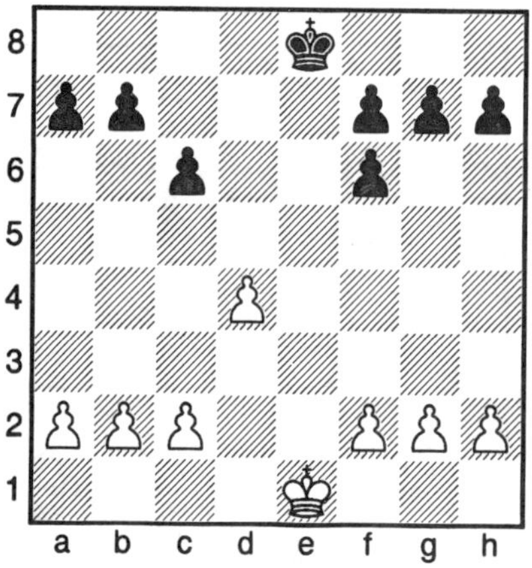

Pions doublés à cause d'une reprise vers l'aile, ce qui conduit à la perte de la partie.

que les Noirs n'auront aucune possibilité de faire valoir leur avantage matériel sur l'aile roi. La différence entre les positions 18 et 19 a été créée lors de la reprise é7×f6 au lieu de g7×f6.

Donc, lorsque vous devez reprendre avec votre pion, reprenez toujours vers le centre. (En reprenant par g7×f6 la colonne é ne sera pas ouverte).

La faiblesse d'un pion doublé se montre surtout lorsqu'on voudrait en faire un pion passé.

Toutefois, nous pouvons dire qu'en général les pions doublés sont assez forts pour réduire à néant une tentative ennemie de créer un pion passé.

Bien entendu, dans tout ceci, nous supposons que le joueur qui cherche à se créer un pion passé possède déjà un avantage numérique de pions sur le terrain de l'action. Un pion passé ne peut que rarement être obtenu sans un avantage numérique et pour illustrer cette vérité nous recommandons à nos lecteurs de faire l'exercice suivant :

Jouez avec quatre pions dont deux doublés contre un adversaire qui possède sur la même aile trois pions (sauf les deux Rois, il ne se trouve aucune autre pièce sur l'échiquier), jouez sérieusement et vous verrez que vous vous ne vous créerez pas de pion passé à moins que votre adversaire ne fasse des fautes graves. De la même façon, essayez de jouer avec trois pions normalement enchaînés contre trois pions, dont un doublé, et remarquez qu'il sera impossible d'obtenir un pion passé.

Dans le Diag. 21, le pion doublé n'est pas vraiment faible. Bien que la reprise ait été faite vers l'aile et non vers le centre, aucun des adversaires n'a de chance d'obtenir un pion passé.

Les Diag. 19, 20 et 21 ont tous un trait commun : l'ouverture de la colonne é, qui sépare chaque formation de pions en deux camps. Dans le Diag. 21, les groupes adverses sont d'égale force : quatre contre quatre, trois contre trois. Dans les autres diagrammes, nous voyons des différences numériques. Les Blancs ont quatre pions contre trois pions noirs sur l'aile dame, et les Noirs quatre pions contre trois pions blancs sur l'aile roi.

La position du Diag. 21 doit aboutir à la nullité. Dans les Diag. 19 et 20 toutefois, le moment viendra où les adversaires chercheront l'un et l'autre à se faire un pion passé. Il sera ainsi prouvé que la chaîne normalement formée des pions blancs pourra obtenir ce résultat, tandis que la chaîne des pions noirs avec son pion doublé n'en sera pas capable.

Diagramme 21.

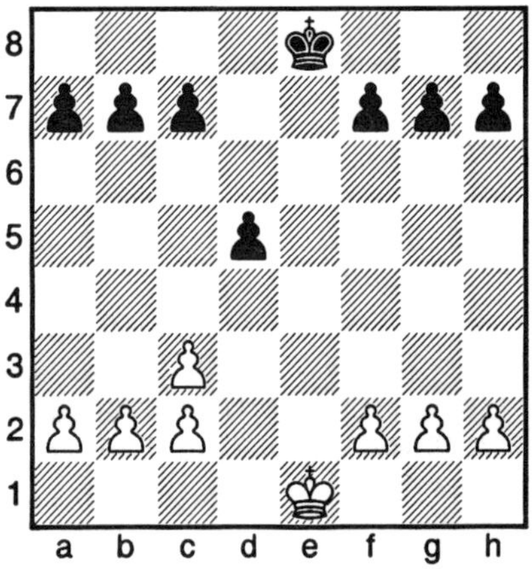

Pions doublés — même cause, mais sans danger.

Continuons le jeu dans la position 20.

1. Ré1—é2, Ré8—è7 — 2. Ré2—é3, Ré7—é6 — 3. ç2—ç4, f6—f5—4. f2—f4, f7—f6 — 5. g2—g3, g7—g5 — 6. h2—h4 (naturellement les Blancs ne prennent pas à g5, parce que la question du pion doublé serait tout de suite résolue). 6. ....h7—h6 — 7. h4—h5 (les Blancs veulent d'abord régler les affaires sur l'aile roi, de sorte que les Noirs ne puissent rien faire). 7. .... g5—g4 (l'aile roi est maintenant cadenassée) — 8. d4—d5+ (maintenant que l'avantage numérique des pions noirs sur l'aile roi est devenue sans valeur,

les Blancs peuvent se permettre de sacrifier momentanément un pion dans le but d'atteindre le pion ennemi le plus éloigné). 8. ....ç6×d5 — 9. ç4—ç5 (la pointe ! Menaçant : 10. Rd4 suivi de a4, b4, b5, etc.) — 9. .... Ré6—d7 — 10. Ré3—d4, Rd7—ç6 — 11. a2—a4 (empêchant : 11. ....Rb5. Les Blancs ont le gain facile parce que bientôt les Noirs ne pourront plus jouer sans affaiblir leur position). 11. ....a7—a5 (ou 11. .... a6 — 12. b4, etc.). 12. b2—b3 et les Blancs gagnent. Si le Roi noir jouait, la suite serait : 13. R×d5. et après 12. ....b6, le coup décisif serait 13. ç×b6, R×b6 — 14. R×d5. Dans un prochain chapitre, nous reviendrons sur la question des faiblesses de pions.

III. — *Comment profiter des faiblesses de pions chez l'adversaire.*

Il y a plusieurs procédés pour évaluer la ou les faiblesses chez. l'adversaire et particulièrement en ce qui concerne les faiblesses dans la formation de la chaîne des pions. L'expérience a prouvé que plus grand sera le nombre des exemples analysés par l'auteur, plus grand sera le profit que le lecteur tirera de son exposé.

Je reviens donc à la faiblesse la plus fréquente : celle des pions doublés, habituellement à ç7 et ç6.

Du fait que les Blancs ont le trait, ils ont souvent la priorité pour embarrasser leur adversaire de ce genre de calamité. Le mal d'une faiblesse de ce genre est bien plus ennuyeux lorsque ces pions doublés n'ont pas de voisin sur une colonne adjacente (pas de pions noirs sur la colonne b ou d, par exemple), et que la case devant les pions doublés est occupée par un pion blanc, qui en conséquence devient invulnérable. Les Blancs ont donc obtenu une position idéale et le gain sera vite forcé. Les Noirs n'auront bientôt plus la possibilité de mouvoir leurs pions ; ils seront obligés de jouer avec leur Roi et d'abandonner la protection de ç6.

Ceci est d'ailleurs facile à prouver :

Les Blancs ont douze coups de pions à leur disposition, tandis que les Noirs n'ont que huit coups car les deux pions doublés Noirs font perdre quatre coups !

Dans la position du Diag. 22, les Blancs gagnent sans peine, qu'ils aient le trait ou non.

Diagramme 22.

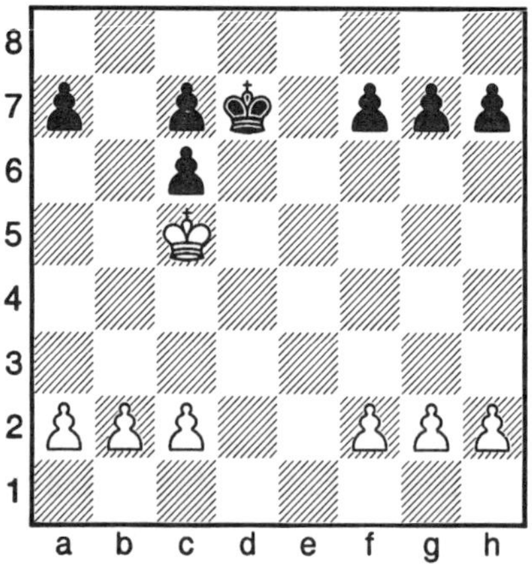

Le Roi blanc se trouve sur la case idéale ç5 et gagne facilement.

Par exemple : 1. b2—b4, a7—a6 — 2. a2—a4, f7—f6 — 3. a4—a5, g7—g6 4. g2—g4 (rien que pour démontrer que le pion noir à ç6 est perdu. Également fort serait 4. ç2—ç4, h7—h6 — 5. b4—b5, a6×b5 — 6. ç4×b5, ç6×b5 — 7. Rç5×b5, etc.). 4. . . . . f6—f5 —5. g4×f5, g6×f5 — 6. f2—f4, h7—h6 — 7. h2—h3, h6—h5 — 8. h3—h4, et les Noirs sont obligés de jouer avec leur Roi, c'est-à-dire d'abandonner la partie.

La position du Diag. 23 ne semble pas donner le gain si facilement parce que le Roi blanc ne peut pas atteindre la case ç5, avant-poste idéal. Si les Blancs ont le trait, ils trouveront le Roi noir devant eux, c'est-à-dire que lorsque le Roi blanc sera à d4, le Roi noir sera à d6. Néanmoins, cette position doit donner le gain aux Blancs et cela aisément. Pourtant, afin de mieux vous expli-

Diagramme 23.

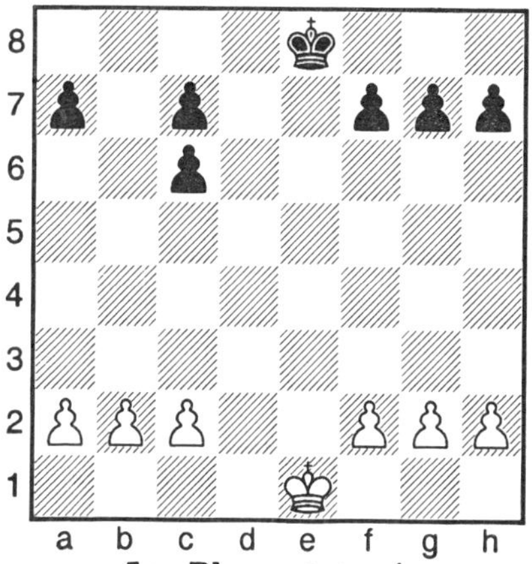

Les Blancs gagnent.

quer le pourquoi des mouvements de pions QUI DOIVENT NOUS CONDUIRE A LA VICTOIRE, nous voudrions auparavant vous entretenir d'une position analogue et laisser de côté momentanément le Diag. 23 pour nous occuper d'abord du Diag. 24.

Dans cette position (tirée d'une partie COHN-RUBIN-

Diagramme 24.

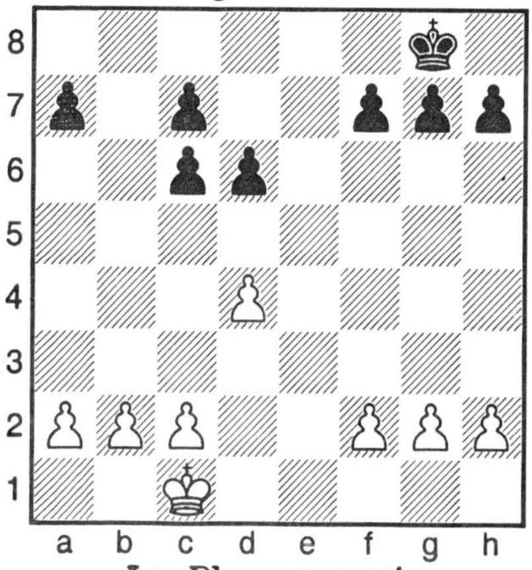

Les Blancs gagnent.
Partie jouée par RUBINSTEIN.

STEIN, tournoi 1909 à Saint-Pétersbourg), ce dernier obtint le gain par la manœuvre suivante : 1. Rç1—d2, Rg8—f8 — 2. Rd2—ç3, Rf8—é7 — 3. Rç3—b4, (ici les Noirs s'aperçoivent que le Roi blanc menace leur pion isolé a, qu'il fonce directement sur lui et le prendra si le Roi noir ne vient pas à son secours). 3. ....Ré7—d7 — 4. Rb4—a5, Rd7—ç8 — 5. Ra5—a6, Rç8—b8. (Les Noirs sont arrivés à temps pour sauver leur pion, mais quel terrain important les Blancs ont conquis déjà ! On voit par cet exemple comment un pion doublé accentue la puissance de pénétration de l'ennemi). 6. ç2—ç4 (les Blancs ont le projet suivant : d'abord échanger quelques pions, ce qui donnera un peu de liberté de mouvement à leur Roi le long de la sixième rangée ; puis faire avancer les pions noirs et les attaquer par derrière ensuite. Un malin projet contre lequel les Noirs ne peuvent rien). 6. ....Rb8—a8 (Pour résister le plus longtemps possible, les Noirs restent passifs ; avancer leurs pions allégerait la tâche des Blancs). 7. b2—b4, Ra8—b8 — 8. a2—a4, Rb8—a8 — 9. ç4—ç5, d6×ç5 — 10. d4×ç5, Ra8—b8 — 11. f2—f4, Rb8—a8 — 12. g2—g4, Ra8—b8 — 13. h2—h4, Rb8—a8 — 14. f4—f5, Ra8—b8 — 15. g4—g5, Rb8—a8 — 16. h4—h5 (Maintenant les Blancs menacent de gagner par : 17. g6, h×g6 — 18. f6! g×f6 — 19. h6 et ce pion passé va à dame) — 16. ....g7—g6 (forcé, puisque après 16. ....f6 suit 17. h6! et après 16. ....h6 suit 17. f6!) 17. h5×g6, h7×g6 — 18. f5×g6, f7×g6 (le pion noir à g6 est la victime rêvée pour les Blancs, et c'est sur lui que le Roi blanc foncera après un échange sur l'aile dame) — 19. b4—b5, ç6×b5 — 20. Ra6×b5!, Ra8—b8 — 21. ç5—ç6 (Rç6 ne donnerait rien) 21....Rb8—ç8 (après 21. ....Ra8 — 22. Rç5 les Blancs gagneraient vite le pion g et la partie) — 22. Rb5—a6, Rç8—b8 — 23. a4—a5 (le Roi noir est maintenant obligé de rester bloqué, de sorte qu'il arrive trop tard pour repousser l'attaque sur le pion g) 23. .... Rb8—a8, 24. Ra6—b5, Ra8—b8 — 25. Rb5—ç5,

Rb8—ç8 — 26. Rç5—d5, Rç8—d8 — 27. Rd5—é6 et les Blancs gagnent facilement.

Dans la partie COHN-RUBINSTEIN, les coups étaient légèrement différents, mais l'idée maîtresse était la même.

Maintenant que nous avons vu comment les Blancs ont forcé le gain dans la position du Diag. 24, il devient un jeu d'enfant d'arriver au même résultat dans la position du Diag. 23. Tout le secret réside dans la position du Roi qui doit menacer à la fois d'occuper la case ç5 et de conquérir le pion a. Donc : 1. Rd2, Rd7 — 2. Rç3, Rd6 — 3. Rb4 (maintenant les Blancs menacent de prendre le pion a par 4. Ra5, etc. Le Roi noir doit en conséquence reculer et après 3. ....Rd7 — 4. Rç5, nous arrivons à la position du Diag. 22. — 4. Ra5 gagnerait également selon la méthode compliquée indiquée à propos de la position du Diag. 24.

Le Diag. 25 nous montre un exemple quelque peu exagéré de pions doublés du côté des Noirs, ce qui se présente bien entendu rarement dans la pratique.

Les Blancs gagnent par : 1. Rç5, leur adversaire

Diagramme 25.

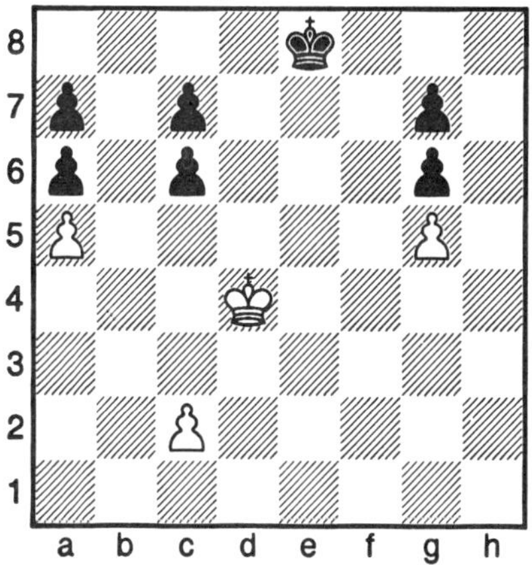

Les Blancs gagnent.
Une tragi-comédie de pions doublés.

n'ayant aucun coup de pion à sa disposition; il est pour ainsi dire en perte de temps. Lorsque le joueur se trouve dans cette situation, il ne peut faire aucun coup sans affaiblir sa position. Après 1. ....Rd7 — 2. ç4, Ré6 — les Noirs peuvent conquérir le pion g des Blancs, mais ces derniers arrivent plus vite à Dame. La seule variante qui permettrait un peu de résistance, serait 1. Rç5, Rd7 — 2. ç4, Ré6 — 3. R×ç6, Ré5.

Si maintenant les Blancs jouaient sans prudence ils pourraient même perdre la partie, par exemple 4. ç5?, Rd4! ou 4. R×ç7?, Rd4 — 5. Rb7, R×ç4 — 6. R×a7, Rb5, etc. Mais après, 4. Rb7! la partie est gagnée pour les Blancs, puisque leur pion a arrive à Dame juste à temps. Nous arrivons maintenant à des positions dans lesquelles, outre des formations de pions identiques à celles des Diag. 22 et 23 subsistent en outre des pièces qui diminuent le bénéfice des circonstances favorables aux Blancs car elles laissent peu de chances de forcer l'adversaire à perdre « un temps » Le joueur se trouvant devant une position défavorable doit se défendre avec une très grande prudence, mais

Diagramme 26.

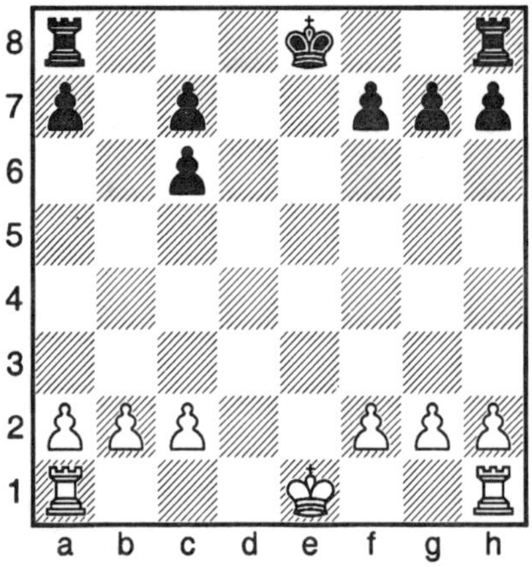

La faiblesse des pions noirs est éclatante. Les Blancs sont beaucoup mieux.

la possibilité pour lui d'obtenir la nullité n'est pas exclue.

La position du Diag. 26 est favorable aux Blancs. Après 1. O—O—O ou bien 1. Rd2 suivi de Rç3, ils peuvent gagner. Pourtant il serait exagéré de dire que cette position mène automatiquement au gain de la partie.

Bien que les Blancs, au cours de la partie, aient l'occasion d'attaquer les pions faibles de leur adversaire, celui-ci n'est pas obligé de s'astreindre à un jeu défensif ; au contraire, il obtiendra davantage d'un jeu agressif et si ses chances ne sont pas énormes, il ne faut pas non plus les sous-estimer.

Le Diag. 27 nous montre une position tirée de la pratique et obtenue après les coups suivants : 1. é4,

Diagramme 27.

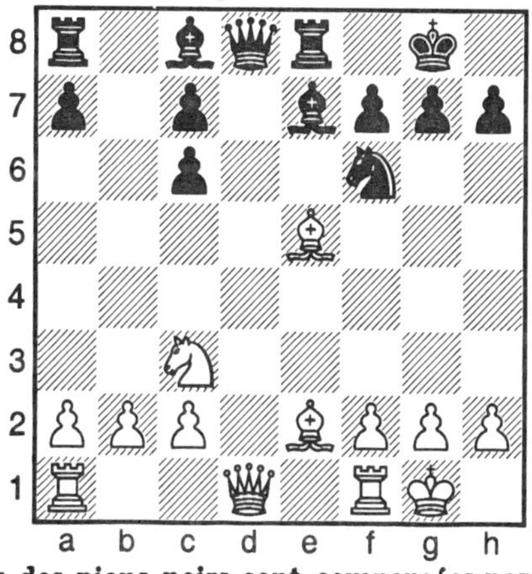

Les faiblesses des pions noirs sont compensées par leur influence sur d5. Un avant-poste important au centre. Néanmoins les Blancs sont mieux.

é5 — 2. Cf3, Cç6, — 3. d4, é×d4 — 4. C×d4, d6 — 5. Cç3, Cf6 — 6. Fé2, Fé7 — 7. O—O, O—O — 8. Ff4, Té8 — 9. C×ç6, b×ç6 — 10. é5, d×é5 — 11. F×é5. Les Noirs n'ont pas suffisamment attaché d'importance au doublement et à l'isolement de leur pion ç. Par un jeu judicieux, les Blancs peuvent augmenter leur avantage. Cette tâche est cependant très difficile, parce que les Noirs en surveillant la case d5, ont une compensation pour la faiblesse de ces pions. Les Noirs continueront en effet par : 11. . . . . Cd5 et après le coup des Blancs 12. Ff3, ils poursuivront par 12. . . . . Fé6. Leur position est alors très solide et leurs pièces rayonnent davantage que celles des Blancs.

Bien entendu, le Cavalier noir à d5 peut être chassé par la poussée du pion ç des Blancs. Ceci demande cependant un travail préparatoire soigneusement fait et avant que le moment soit propice, beaucoup de choses peuvent se passer.

Si dans le Diag. 26, l'avantage des Blancs est visible, il n'est pas aussi net dans le Diag. 27 et la compensation obtenue par les Noirs peut renverser la situation.

Encore plus grande est la compensation acquise par les Noirs dans le Diag. 28 qui est le résultat d'une variante bien connue de la partie des quatre cavaliers.

1. é4, é5 — 2. Cf3, Cç6 — 3. Fç4, Cf6 — 4. Cç3, C×é4 — 5. C×é4, d5 — 6. Fd3, d×é4 — 7. F×é4, Fd6 —

Diagramme 28.

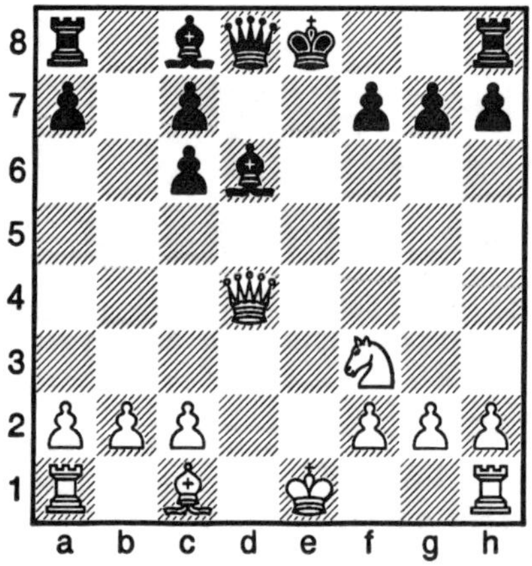

La faiblesse des pions noirs est entièrement compensée par la force des deux Fous. — Chances égales.

8. d4, é×d4 — 9. F×ç6+, b×ç6 — 10. D×d4.

Les Noirs ont conservé les deux Fous ce qui compense largement la faiblesse de leurs pions.

Après 10. ....O—O — 11. O—O, ç5 — suivi de ....Fb7, les Noirs ont plusieurs possibilités d'attaque dangereuse. L'analyse d'une telle position demande une étude particulière. En ce moment nous ne pouvons dire que la partie sera nulle. Encore quelques mots sur la paire de Fous. Les Noirs ont deux Fous contre un Fou et un Cavalier ; ce qui présente ici un avantage pour eux. Sur la nature de cet avantage nous ne pouvons donner de plus amples explications pour le moment et nous nous bornons à la simple remarque que dans des positions ouvertes, les deux Fous ont toute leur puissance et jouent le premier rôle dans les finales et dans l'attaque sur l'aile roi.

Cette compensation a une valeur encore plus grande dans la position du Diag. 28, et elle trouve son « climax » dans la position du Diag. 29 où les Noirs obtiennent les meilleures chances de gain.

Cette position (Diag. 29) a pu être le résultat des coups suivants : 1. é4, é5 — 2. Cf3, Cç6 — 3. d4, é×d4 — 4. C×d4, Cf6 — 5. Cç3, Fb4 — 6. C×ç6, b×ç6 — 7. Fd3, d5 — 8. Fd2. Par un jugement erroné, les Blancs misent complètement sur la faiblesse de la formation des pions noirs au lieu de finir leur développement par 8. é×d5, suivi du O—O. Si dans le dernier cas les Noirs avaient continué par F×ç3, nous aurions retrouvé la situation du Diag. 28 : faiblesse de pions compensée par la possession des deux Fous. 8. ....F×ç3 — 9. F×ç3, d×é4 — 10. F×f6, D×f6 — 11. F×é4, Fa6 — 12. Df3, D×f3 — 13. F×f3 et nous arrivons ainsi à la position du Diag. 29.

Les Noirs défendent leur pion ç attaqué, les Blancs jouent 14. O—O—O et se procurent un net avantage. Mais les Noirs ont beaucoup mieux !

Au lieu de protéger leur pion, ils jouent : 13. O—O—O et l'imprudence de la spéculation faite par les Blancs apparaît tout à coup. Les Noirs ont une grande avance de développement et menacent de gagner par Th—é8+ Le fait que les Blancs ne peuvent roquer d'aucun côté est naturellement un facteur important. Ils n'ont qu'une ressource : F×ç6 et ceci ne paraît pas

Diagramme 29.

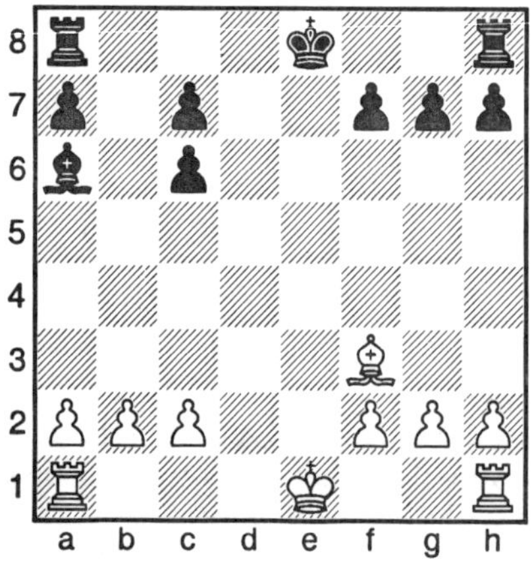

Trait aux Noirs qui ont une avance de développement et en conséquence une large compensation pour la faiblesse du pion doublé. Ils sont beaucoup mieux.

suffisant : 14. . . . Td6 ; 15. Fa4 (forcé), Th—d8 avec la menace 16. . . . Té6 mat.

Ce dernier exemple est très important pour la partie pratique, parce que la signification d'une avance de développement est habituellement sous-estimée par les joueurs novices.

Une faiblesse de pions se voit tout de suite, la possession d'une paire de fous aussi ; mais une avance de développement ne saute pas aux yeux et on ne la voit très souvent que lorsqu'il est trop tard.

Nous avons donc appris à reconnaître les trois compensations qui contre-balancent les faiblesses des pions : *a)* un avantage au centre, *b)* la possession des deux Fous, *c)* une avance de développement. En conséquence il est nécessaire d'examiner de près votre plan pour voir s'il a une chance de réussir. Ne foncez pas sur les pions faibles de votre adversaire avant d'être vous-même invulnérable.

Les règles et principes ne suffisent pas, l'étude des exemples est bonne mais le mieux, de beaucoup, est la pratique du jeu ; donc jouez, jouez et ouvrez les yeux.

IV. — *La lutte pour les colonnes ouvertes.*

Dans la conduite du développement des pièces, les Tours jouent un rôle spécial du fait qu'elles ne peuvent exercer leur influence qu'après une préparation plus ou moins difficile. La Tour, ne pouvant jouer en diagonale comme la Dame ou le Fou, rencontre beaucoup d'obstacles dans ses efforts pour se frayer un passage à travers la chaîne de pions. Étant donné qu'elle est, après la Dame, la pièce la plus importante, nous devons non seulement veiller aux attaques des pions adverses, mais également nous préoccuper de sa protection contre les attaques de pièces légères (Fous et Cavaliers) ; malgré ce danger constant, nous recommandons de développer les Tours aussi vite que possible. Que serait une guerre sans artillerie ? Un bienfait pour l'humanité sans doute, mais peu goûté des généraux. Comme dans le jeu des Échecs, chaque joueur doit se comporter comme une sorte de général, il doit mettre de côté ses scrupules humanitaires et dire aussitôt qu'il peut : « Tours, en avant, marche ».

La Tour est cependant une collaboratrice sinistre. Alors que les autres pièces peuvent gambader sans faire de mal, elle ne peut avancer que sur des cadavres, ceux des pions. Lorsque plusieurs pions ont succombé, alors seulement la Tour se montre satisfaite. Échange, sacrifices, massacres de pions, voilà son élément. Sans colonnes ouvertes sur lesquelles aucun pion ne reste debout, la Tour serait moins qu'un morceau de bois mort. Elle n'entre guère en jeu avant que plusieurs pions n'aient disparu sauf lorsque les Blancs ont commencé par : 1. é2—é4 et que les deux adversaires ont roqué. La manœuvre Té1—é3—g3 devient alors jouable. Quelquefois, on réussit à faire jouer la Tour *a* après a2—a4 (Ta1—a3, etc.), mais cela n'arrive pas souvent.

Dans la plupart des débuts et en particulier dans les parties « ouvertes », celles qui commencent par : 1. é4, é5 ; l'avenir pour les Tours est au centre. L'idée est la suivante : Avancez au plus vite vos pions d et é à la quatrième rangée, donnez de l'espace à vos Tours par l'échange d'un de ces deux pions. Bien entendu, cette idée n'est pas toujours réalisable, mais elle est à la base de nos plans et elle nous amène à nous poser une autre question : « Mon centre est-il construit de telle façon qu'à tous moments je puisse conquérir une colonne ouverte pour ma Tour ? »

Dans la lutte pour créer des colonnes ouvertes pour leurs Tours, les adversaires doivent faire une différence entre « colonnes effectivement ouvertes » et « colonnes demi-ouvertes ». Pour qu'une colonne soit ouverte, il ne doit s'y trouver aucun pion ; sur une colonne demi-ouverte peut se trouver un pion de l'adversaire, pas plus. Dans certains cas, il est possible de considérer une colonne sur laquelle se trouve un de nos propres pions comme une colonne ouverte. Souvent la lutte pour cette colonne ouverte se fait en deux étapes.

Voici un exemple :

1.	é2 —é4	é7—é5
2.	Cg1 —f3	Cb8—ç6
3.	Ff1 —b5	

Un début vieux d'un siècle et pourtant toujours nouveau, « la partie Espagnole ». Dans cette partie, la lutte pour les colonnes ouvertes se montre tout spécialement.

3.........	d7—d6

Ce coup n'est probablement pas le meilleur, mais tout compte fait, il permet une défense saine et logique. Il est bon de protéger les pions (ici é5) par d'autres pions à moins qu'il n'y ait une raison spéciale de faire autrement.

Le coup du texte a un nom connu :

« La défense Steinitz » dans la partie Espagnole.

4. d2—d4

Ici commence déjà la lutte pour la colonne ouverte et les Blancs menacent d'obtenir un avantage par 5. d×é5, d×é5 ; 6. F×ç6+, b×ç6 ; 7. D×d8+ R×d8 ; 8. C×é5.

5. d5 constituerait une autre menace moins virulente, mais ce coup aurait comme conséquence la fermeture du centre et pendant longtemps, les Blancs ne pourraient envisager l'ouverture sur d ou é, et leur attaque se ferait au ralenti.

Les Blancs auraient pu jouer par exemple d2—d3. Ce coup n'est pas mauvais, il est toutefois moins énergique, puisque l'ouverture d'une colonne pour la Tour s'en trouve retardée.

Diagramme 30.

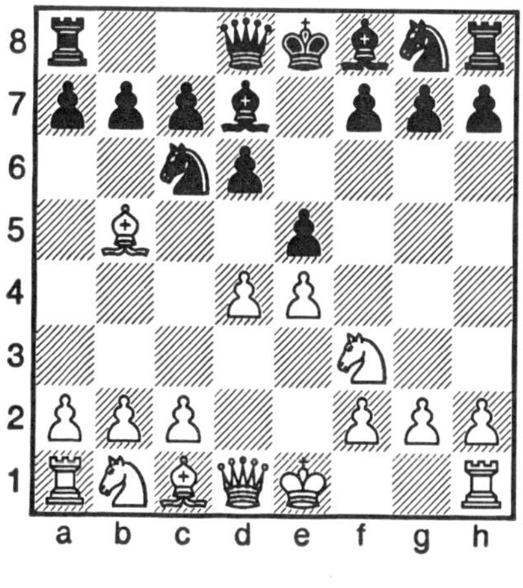

4. . . . . Fç8—d7

pare les deux menaces (5. d×é5 et 5. d5).

5. Cb1—ç3

5. d×é5 ne donne rien, par ex. : 5. . . . d×é5 ; 6. F×ç6, F×ç6 ; 7. D×d8+, T×d8 ; 8. C×é5, F×é4 et les Noirs sont mieux, puisqu'ils ont conservé leurs deux Fous.

Il est inutile d'ouvrir une colonne si elle doit avoir la même valeur pour l'adversaire que pour vous-même.

***

L'avance à d5 n'est pas une grosse erreur mais ne cadre pas avec notre plan initial.

Les Blancs doivent attaquer ; pour ce faire, ils ont besoin de colonnes ouvertes, ce qu'ils n'obtiennent pas en les fermant. Un joueur initié peut se permettre quelquefois un écart de la bonne voie et se créer une chaîne de pions différente, à supposer toutefois qu'il connaisse à fond la suite stratégique des opérations ; par contre le débutant doit s'abstenir de fermer la position.

Une telle stratégie peut être appliquée par un joueur acculé à la défensive, par exemple par les Noirs, pour qui la fermeture de la position serait favorable, parce que l'attaque de l'adversaire en serait momentanément arrêtée.

Divers débuts existent dans lesquels les Noirs s'efforcent de provoquer de la part des Blancs la fermeture par d4—d5. Néanmoins, nous ne pouvons pas considérer le plan stratégique des Noirs comme étant de nature exclusivement défensive ; aussitôt qu'ils ont pu forcer leur adversaire à jouer d4—d5, ils essayeront d'ouvrir une colonne par f7—f5.

En conséquence, rappelez-vous bien que si vous voulez combattre, attaquer et gagner, il faut profiter de toutes les occasions pour conquérir des colonnes ouvertes sur lesquelles vous pourrez faire manœuvrer vos Tours avantageusement.

5. .... Cg8—f6

Ce coup empêche l'ouverture décisive de la colonne, puisque les Blancs après 6. F×ç6, F×ç6 ; 7. d×é5, d×é5 ; 8. D×Dd8+, T×d8 ; 9. C×é5, F×é4, n'ont rien obtenu.

6. Fb5×ç6 Fd7×ç6
7. Dd1—d3

Ce dernier coup protège é4 et menace de gagner un pion par d4×é5. Le but de toutes ces attaques est d'amener les Noirs à jouer é5×d4, parce que dans cette position, une importante différence se manifeste entre le coup des Blancs d4×é5 et le coup des Noirs é5×d4. Le premier coup (après la réponse d6×é5) ouvre la colonne d aux deux adversaires ; les Blancs n'auront pas d'avantage positionnel et ils ne feront cet échange que rarement et seulement s'ils y gagnent quelque chose, par exemple un pion. Dans le cas où les Noirs jouent quand même é5×d4, les deux adversaires ont chacun une colonne demi-ouverte ; nous allons voir toutefois que ceci est à l'avantage des Blancs.

7. .... é5×d4

L'échange est pratiquement forcé, puisque les Noirs ne peuvent assurer convenablement la protection de leur pion é.

Ils auraient pu jouer : 7....Dé7, mais par ce coup, ils obstruent le passage de leur propre Fou. Ce dernier aurait pu être développé par g7—g6 et Ff8—g7 mais un tel plan de développement est déjà dangereux pour un Maître et bien plus pour un débutant. Non ! Un peu de réflexion vous fera comprendre que le coup Dé7 est mauvais, même si l'on arrivait à prouver qu'il y a pire !

Au lieu du coup : 7....é5×d4, examinons 7.... Cd7. Par ce coup, les Noirs protègent leur pion é, et encore mieux, ils tendent un piège à leur adversaire. Un piège dont les conséquences ne seront pas graves pour les Blancs. Effectivement, ces derniers pourraient être tentés, après le coup des Noirs 7. . . . Cd7 de pousser leur pion d4 à d5, en se demandant : « où va-t-il aller ce Fou noir ? Il est perdu ! » C'est alors que le Cavalier noir saute à ç5, attaquant la Dame blanche qui doit partir, permettant aux Noirs de retirer leur Fou à d7 et voilà comment les Noirs ont réussi à empêcher leur adversaire d'obtenir une colonne ouverte à bon compte.

Seulement, nous ne devons pas supposer que les Blancs tombent dans le piège ; au contraire, ils l'ont vu et ont décidé de jouer tout bonnement 8. Fé3! menaçant de gagner une pièce par la poussée d4—d5. Cette fois-ci, les Noirs sont obligés de prendre une décision : ou faire l'échange é5×d4, ou jouer b7—b6 donnant une case de repli à leur Fou à b7.

Dans ce dernier cas, la Dame Blanche poursuivant le Fou noir avance à ç4.

Cette variante que nous ne recommandons pas pour les Noirs se serait en conséquence déroulée ainsi :

7. Dd3, Cd7 ; 8. Fé3, b6 ; 9. Dç4, Fb7 ; 10. O—O—O (menace d4×é5) et les Blancs ont une position dans laquelle l'avance de développement est suffisante pour obtenir le gain.

Nous examinons volontairement les variantes avec vous d'une façon détaillée afin que vous puissiez réaliser comment les phases du début de la partie ne visent pas à autre chose qu'à la possession d'une colonne ouverte sur laquelle la Tour puisse exercer son influence.

Si les Noirs avaient la possibilité de protéger indéfiniment leur pion é et de neutraliser la possession par les Blancs d'une colonne même demi-ouverte, le début de la partie Espagnole n'aurait rien d'épouvantable pour les Noirs.

C'est d'ailleurs la raison pour laquelle nous avons cherché si les Noirs avaient la possibilité de jouer un autre coup que 7. . . . é5×d4 mais il n'y en a pas.

8. Cf3×d4

La lutte pour l'obtention d'une ligne ouverte a eu

pour les deux adversaires un résultat dont nous allons mesurer la valeur. Les Blancs ont conquis la colonne d ouverte jusqu'à d6, case sur laquelle un pion adverse bloque le passage. Nous pouvons appeler la colonne d demi-ouverte pour les Blancs. Nous pouvons appeler de

Diagramme 31.

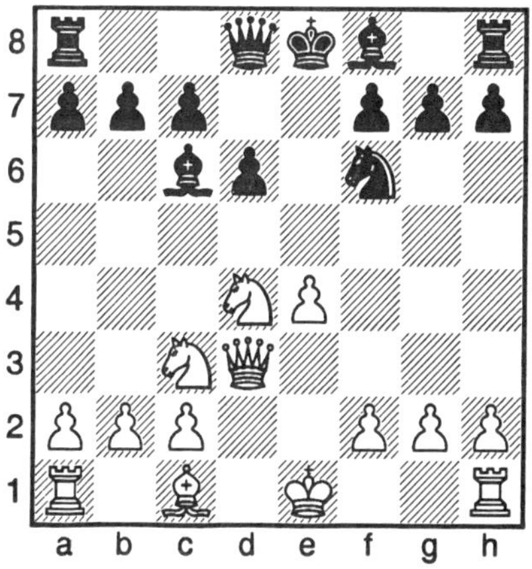

même la colonne é, quoique ici (à supposer que nous jouions avec les Blancs) un de nos propres pions bloque le passage. Cette circonstance diminue bien entendu de beaucoup la valeur de cette colonne demi-ouverte qui ne prendra de valeur pour nous que lorsque nous nous serons débarrassés du bloqueur.

La question suivante se pose maintenant : Les Blancs peuvent-ils tôt ou tard ouvrir la colonne entièrement ? Et la réponse est affirmative. Tôt ou tard, les Blancs peuvent pousser leur pion é et l'échanger contre le pion d, ouvrant ainsi toute la colonne é.

Pour les Noirs aussi, la colonne é est demi-ouverte, toutefois la colonne d ne l'est pas. A première vue, on penserait que les Noirs n'ont qu'à pousser le pion d6 à d5, pour ouvrir toute la colonne d ; mais les Blancs peuvent les empêcher de jouer ce coup, car ils possèdent une plus grande liberté de mouvements ; en outre, ils rencontreront peu de résistance contre la poussée de leur pion é4—é5, après la préparation f2—f4, tandis que chez les Noirs, la préparation du coup d6—d5 par ç7—ç6, laisserait le pion d des Noirs pendant un moment sans soutien. Toutes ces considérations entrent en jeu au cours de la partie et nous verrons petit à petit que l'avantage des Blancs s'accentue.

Nous apprenons également ici la profonde signification de l'expression technique : « demi-centre ». La possibilité de forcer l'ouverture des colonnes est intimement liée à la situation au centre : le joueur qui possède les meilleurs postes au centre est le plus fort. C'est lui qui peut prendre l'initiative de l'attaque. Dans le cas où il joint des idées originales à une connaissance profonde des méthodes, il sera souvent vainqueur. La vie également nous montre que bien souvent, les meilleures perspectives s'offrent à celui qui entreprend et attaque ; le problème psychologique pour lui est plus facile à résoudre.

Toutefois, il ne faut pas surestimer la valeur de l'avantage des Blancs, il ne faut pas confondre l'initiative avec une attaque sans possibilité de défense et l'attaque ne signifie pas toujours victoire !

Continuons d'examiner la partie :

8. .... Ff8—é7

La tentative pour conserver les deux Fous par Fd7 ne donnerait qu'une perte de temps et serait risquée. Lorsqu'on a peu d'espace pour manœuvrer, il faut se méfier d'entreprises qui demandent du temps. En outre, les Noirs dans cette position n'ont aucune chance d'éviter l'échange d'au moins un de leurs Fous, par ex. : 8....Fd7 ; 9. Fg5, Fé7 ; 10. O—O—O, O—O ; 11. Th—é1, et les Noirs n'ont rien de mieux que 11....h6, suivi de 12. Fh4, Ch7 avec l'intention d'échanger leur Fou pour avoir un peu plus d'espace.

9. Cd4×ç6 b7×ç6

Remarquez que les Noirs tiennent la colonne demi-ouverte *b* sous leur contrôle, ce qui aurait une grande importance si seulement ils avaient des pièces aptes à manœuvrer sur cette colonne. Les Blancs auraient pu continuer aussi par 9. Fg5 ou 9. Cf5.

10. Fç1—g5	O—O
11. O—O—O	Cf6—d7
12. Fg5×é7	Dd8×é7
13. f2—f4	

Et les Blancs ont une position favorable avec diverses possibilités d'attaque. Il est certain qu'une ouverture des colonnes par é4—é5 et é5×d6 ne sera pas facile et les Noirs feront tout pour l'éviter, mais comme nous avons dit, tôt ou tard les Blancs y réussiront. Ces derniers menacent aussi 14. Da6 avec une attaque sur les pions faibles et 14. g4 suivi de 15. h4 avec une attaque sur l'aile roi.

C'est une de ces positions dont la personne qui en fait l'analyse dira : « Les Blancs sont mieux ».

C'est volontairement que nous avons choisi un exemple dans lequel la lutte pour une colonne ouverte n'a pas donné un résultat éclatant, c'est-à-dire, une colonne vraiment ouverte, sur laquelle la Tour puisse exercer une influence dominante ; de tels exemples qui ne donnent qu'un demi-résultat sont caractéristiques des débuts. Un résultat 100 % n'est possible que si votre adversaire joue mal et nous ne voulons pas donner des exemples dans lesquels un adversaire joue des coups que la logique peut réfuter. C'est de cette manière aussi, que vous comprendrez les difficultés que l'on rencontre dans la pratique, difficultés que nous ne pouvons éviter par une simple énumération d'axiomes et de principes.

V. — *La signification d'une colonne ouverte.*

Dans le chapitre précédent, nous avons vu comment la lutte pour une colonne ouverte servant à la Tour débute ; comment cette colonne exerce déjà son influence dans les manœuvres du début de la Partie; comment cette lutte peut être liée à toutes sortes de menaces accessoires et comment cette même ouverture de la colonne peut conduire lentement au succès final lorsque l'adversaire évite des fautes excessives.

A présent, nous devons examiner la signification effective d'une colonne ouverte et l'usage que nous pouvons en faire. En d'autres termes, de quelle façon nous devons continuer la partie et réaliser notre avantage lorsque nous avons l'occasion d'ouvrir une colonne et l'exploiter avec nos Tours.

Dans cet ordre d'idées, nous pouvons prendre comme base la position du Diag. 32.

Diagramme 32.

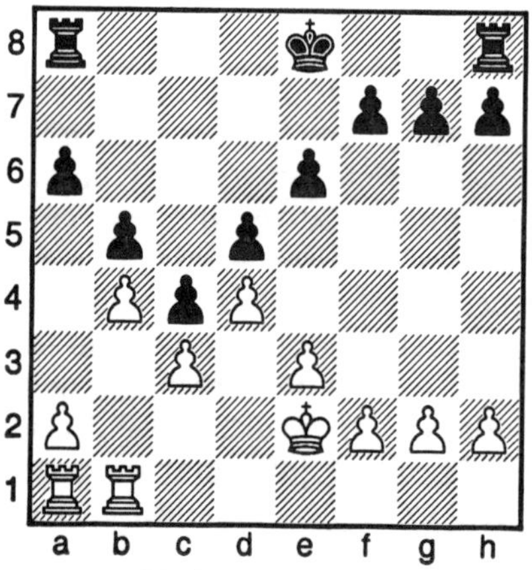

Trait aux Blancs.
Lutte pour l'obtention d'une colonne ouverte.

Cette position peut se reproduire facilement dans le cours d'une partie.

Matériellement, les adversaires sont à égalité et les pions sont, au sens propre, bloqués. Les Tours sont les seules pièces restant en jeu; il est difficile de découvrir des possibilités d'attaque et l'on serait enclin à considérer cette position comme désespérément monotone et à déclarer sans plus la partie nulle. Pourtant les Blancs commettraient une grosse erreur, parce que tout est prêt dans cette position pour une percée décisive.

1. a2—a4

Les Blancs menacent d'ouvrir la colonne a et de gagner deux pions par 2. a×b5. Tout à coup, les Noirs se trouvent en difficulté. Comment doivent-ils parer la menace ? Ils peuvent choisir entre deux solutions : *a*) protéger leur Tour a, pour que la menace 2. a×b5 devienne moins dangereuse ou, *b*) échanger à a4, puis pourvoir à la protection du pion faible sur la colonne a.

Examinons d'abord la méthode *a*) :

1. .... Ré8—d7

Les Noirs se disent : laissons-les faire, je place mon Roi à b7 et que mon adversaire essaie de prouver ensuite que cette colonne ouverte a une importance quelconque. Si mon adversaire prend à b5, la colonne sera ouverte pour tous les deux.

Nous verrons bientôt que la question n'est pas si simple.

2. Ta1—a2

Prendre immédiatement à b5 ne donne rien. En conséquence, les Blancs doublent leurs Tours sur la colonne a, ce que les Noirs ne peuvent pas faire, puisque s'ils plaçaient au coup suivant, leur Tour en a7, elle resterait sans soutien et les Blancs gagneraient immédiatement en prenant par : 3. a×b5. Nous constatons sans peine que les Noirs ont beaucoup moins de liberté de mouvement que leurs adversaires.

2. .... Rd7—ç7
3. Tb1—a1

Les Blancs ont maintenant mené à bonne fin la première partie de leur plan. Dans ce genre de position, il faut toujours commencer par doubler les Tours et lorsque les Dames sont encore là, par tripler les pièces lourdes, avant que la brèche soit faite. Maintenant, les Blancs menacent à nouveau de prendre par 4. a×b5.

3. .... Rç7—b7

Nouvelle parade de la menace. Maintenant, on peut se demander si les Blancs peuvent intensifier encore leur attaque. Ils doivent exécuter un plan basé sur les considérations suivantes : la lutte pour la colonne ouverte mobilise un certain nombre de pièces des deux côtés. Du côté des Blancs, les deux Tours sont engagées, du côté des Noirs, les deux Tours plus le Roi. Ce dernier peut aller à b6, sans perte immédiate de temps, mais après a×b5 les Noirs seront forcés de reprendre avec le Roi et nous aurons évidemment la même position que si les Noirs avaient joué, après 1. a4, immédiatement 1.... b×a4.

Ce coup donne un jeu tout à fait différent et sera analysé à part.

Diagramme 33.

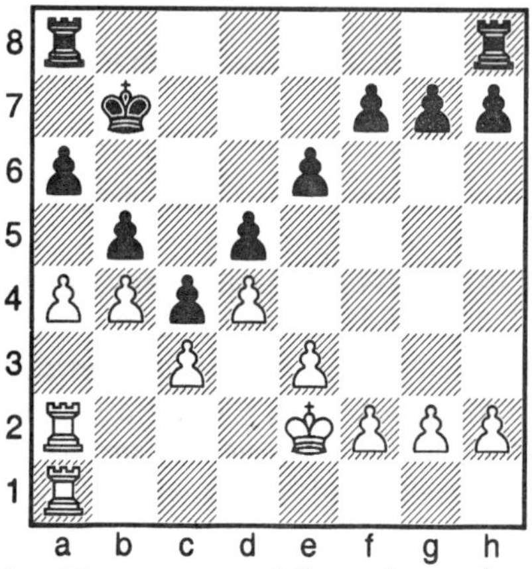

Comment les Blancs peuvent-ils renforcer leur attaque ?

L'avantage des Blancs consiste dans la disponibilité de leur Roi pour l'attaque. Il est clair que sur la colonne a, il ne peut rendre aucun service. Donc le plan est très simple. Les Blancs doivent manœuvrer avec leur Roi, mais de telle sorte qu'après l'échange des Pions à b5, puis de toutes les Tours, ils restent avec une finale de pions avantageuse pour eux. Dans le cas où le Roi blanc se trouverait par exemple à é5, l'échange serait immédiatement décisif, puisque le Roi, en avançant à d6 et é7, pourrait faire une hécatombe parmi les pions adverses.

Donc le coup suivant des Blancs sera :

4. Ré2—f3

Un autre coup fort serait (sur 4. a×b, a×b5). 5. Ta5! car si les Noirs peuvent sauver leur pion par 5.... T×a5 ; 6. T×a5, Rb6. Ensuite les Blancs peuvent encore jouer 7. Rf3.

Le coup du texte est néanmoins le meilleur parce que les pièces noires restent paralysées.

Dans des positions similaires, il ne faut jamais liquider la pression sur la colonne critique avant que l'avantage soit apparent. Liquider la pression signifie exécuter le coup (ici, a×b5 pour les Blancs) qui complète la percée.

4. .... f7—f6

Le meilleur coup des Noirs, en fin de compte, serait de prendre quand même à a4 (4....b×a4), mais nous voulons suivre jusqu'au bout leur plan initial ; or, par le coup du texte, ils essaient d'empêcher le Roi blanc d'aller à la case é5.

5. é3—é4

Les Blancs cherchent l'échange de pions, soit au centre, soit sur l'aile Dame afin de donner un peu plus d'espace vital à leur Roi.

5. .... Th8—d8

Après 5....d×é4+ 6.R×é4, menaçant de 7. a×b5, a×b5 ; 8. T×a8, T×a8 ; 9. T×a8, R×a8 ; 10. f4 (et non d5 à cause de 10....é5), Rb7 ; 11. d5, é×d5+ 12. R×d5 et le Roi blanc devient le héros du jour. Par ceci, nous ne voulons pas dire que le coup du texte permettra aux Noirs de se tirer d'affaire. NON ! aucun coup ne le permettrait.

6. a4×b5	Enfin !	
6.		a6×b5
7. Ta2×a8		Td8×a8
8. Ta1×a8		Rb7×a8
9. é4×d5		é6×d5
10. Rf3—f4		

Maintenant les Blancs menacent 11. Rf5 suivi de Ré6, etc. et les Noirs ne peuvent l'éviter qu'en jouant :

10.	g7—g6
11. g2—g4	

Menace de g5 ; après ce coup, le Roi blanc entre par é5 ou g5.

11.	h7—h6
12. h2—h4	

Et la partie est terminée, parce qu'après 12....Rb7, suit : 13. h5 et le Roi blanc s'approche de f5. Il est à remarquer toutefois que les Blancs ne peuvent gagner par 13. g5, à cause de : 13....f×g5+, 14. h×g5, h5, après quoi les Noirs auraient un avantage en leur pion passé et protégé. Exemple typique de l'importance d'une colonne ouverte.

La décision ou résultat final ne découlait pas de la colonne ouverte en elle-même, mais du maintien en place des pièces adverses et de la menace de percée.

***

Nous retournons maintenant au Diag. 32, pour examiner la méthode défensive dans le cas où les Noirs prennent a4.

1. a2—a4	Ré8—d7

Forcé, parce que le coup b×a4 perd le pion immédiatement. (1....b×a4 ; 2. T×a4, Rd7 ; 3. Tb—a1, etc.).

2. Ta1—a2 b5×a4

Maintenant jouable à cause de la proximité du Roi Noir qui peut protéger le pion a.

3. Ta2×a4

En prenant à a4, les Noirs ont momentanément empêché l'ouverture de la colonne a, ou en tout cas rendu cette brèche inopérante. Cependant, deux nouveaux désavantages apparaissent. Les Blancs doubleront comme auparavant leurs Tours pour exercer une pression sur le pion a des Noirs. La première Tour sera postée à a5 pour bloquer le pion et pour surveiller en même temps la cinquième rangée.

Diagramme 34.

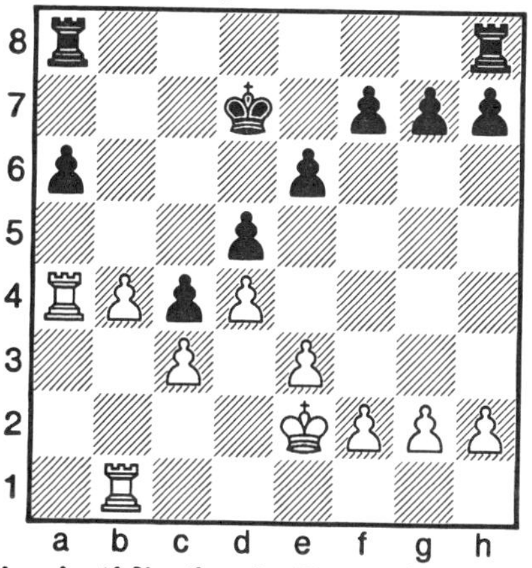

Les Noirs ont anéanti l'action des Tours adverses sur la colonne a mais leur laissent une grande pression le long de la 5e rangée.

Il est vrai que pour l'instant le pion d des Noirs est suffisamment protégé ; mais après une préparation adéquate, les Blancs l'attaqueront par é3—é4 et peut-être par le doublement des Tours sur la cinquième rangée (par ex. : sur les cases ç5 et a5).

Tôt ou tard, les Noirs seront obligés de prendre à é4 et leur pion è deviendra faible ; en outre, les Blancs disposent des coups d4—d5 et Rd4.

Avec un jeu correct des deux côtés, la position des Noirs s'avérera bientôt intenable.

3.	Rd7—ç7
4. Tb1—a1	Rç7—b7
5. Ta4—a5	Th8—ç8

Les Noirs ne peuvent pas entreprendre grand'chose ici, quoique les Blancs n'aient aucune possibilité de faire mieux sur la colonne a.

Si les Noirs jouent : 5....Rb6, ils doivent continuellement tenir compte de la réponse b4—b5, car leur Tour en a8 est insuffisamment protégée et leur pion a6 est en prise. Les Blancs, en conséquence continuent à augmenter l'activité de leur Tour avancée de la façon déjà indiquée.

6. Ré2—f3

Il existe plusieurs autres coups forts, par exemple : f3 ou é4. Nous préférons néanmoins le coup du texte à cause de sa ressemblance avec la variante principale.

6.	Tç8—d8

6....f5 (avec l'intention de prévenir é3—é4) serait mauvais. D'abord, les Blancs peuvent quand même jouer é3—é4 (après préparation par f2—f3) et plus tard Ré5, suivi de b4—b5. Après ces coups, le pion a6 ou le pion é6 serait perdu.

7. é3—é4	d5×é4+.

Les Noirs ne peuvent faire mieux. Ils ne sont pas en mesure de protéger en même temps leurs pions a6 et d5.

8. Rf3×é4

Les Blancs ont déjà fait des progrès considérables. Bien que les Noirs aient réussi à garder la colonne a fermée, ils n'ont pas pu empêcher les Blancs de l'occuper, et de se préparer une proche victoire. La principale menace après préparation suffisante est maintenant d4—d5, après quoi, le pion ç des Noirs est condamné.

Diagramme 35.

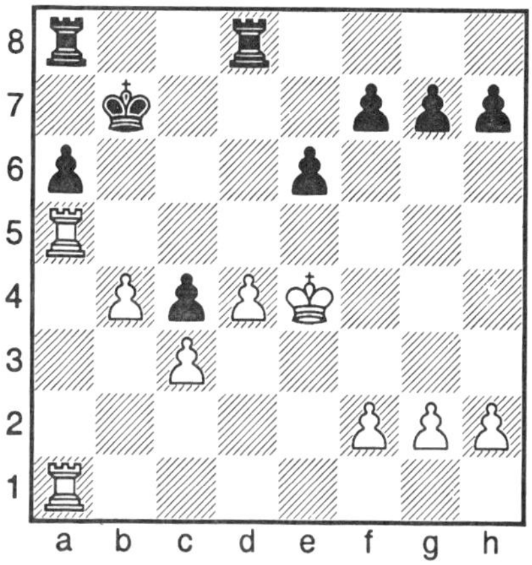

Les Blancs ont ouvert la cinquième rangée et commencent à y exercer une pression.

8.	Td8—ç8
9. Ta5—é5	

Le coup : 9. Tç5 est également bon, mais il n'offre pas les mêmes sécurités à cause de : 9....T×ç5 ; 10. d×ç5, Td8 et la Tour noire agit sur une colonne ouverte.

Ou bien 10. b×ç5 et malgré le gain d'un pion, les Blancs laissent aux Noirs un pion passé sur la colonne a, ce qui pourrait leur donner des difficultés plus tard.

9.	Tç8—ç6
10. Ta1—a5	Ta8—ç8
11. d4—d5	

Permet aux Blancs d'attaquer le pion ç noir par Rd4 et de le gagner ensuite.

11.	é6×d5
12. Ta5×d5	

Les efforts des Blancs ont été récompensés d'une façon magnifique, parce que les Tours occupent toutes les deux une colonne ouverte, tandis que les Tours noires sont trop exposées à l'attaque. En outre, les Blancs menacent de placer leurs Tours respectivement à é7 et d7, ce qui serait désastreux pour leurs adversaires.

Diagramme 36.

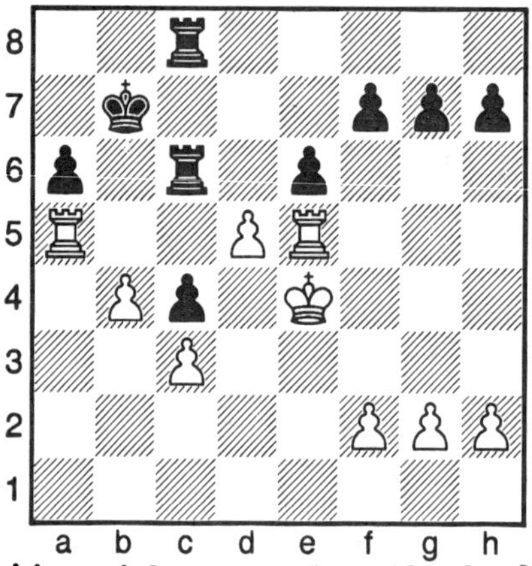

La percée décisive qui donne aux Tours blanches leur maximum d'efficacité aussi bien horizontalement que verticalement.

En effet, sur cette rangée (la 7e), on trouve toujours quelques pions, qui n'ont pu avancer et qui sont en conséquence très vulnérables. C'est la raison pour laquelle l'occupation de cette rangée donne une force considérable à l'attaquant et devient vite décisive.

12........ Tç6—ç7

Peu importe, quel que soit le coup joué par les Noirs, ils doivent perdre.

13. Ré4—d4 Menace de gagner le pion ç par 14. Tç5

13. .... Rb7—b6

Afin de répondre au coup 14. Tç5 par 14....T×ç5; 15. T×ç5, T×ç5; 16. b×ç5+, Rç6 et les avantages matériels des Blancs sont annulés. Les Noirs n'ont qu'une chance de salut: empêcher les Blancs de reprendre avec le Roi à ç5.

Donc, n'affaiblissez pas votre chaîne de pions sans nécessité !

14. f2—f4

Les Blancs s'efforcent de gagner un temps pour augmenter leur avantage.

14.	Tç7—ç6
15. g2—g3	Tç8—ç7
16. h2—h4	Tç7—ç8

Après le coup 16....Tg6, suit simplement 17. Tg5, T×g5 ; 18. T×g5, g6 ou f6 ; 19. Td5 et les Noirs ont perdu faute d'un temps. Ils ne peuvent ni bouger leur Roi à cause de Tç5, ni retirer leur Tour, de la colonne ç ou de la 7e rangée à cause de 20. Td7.

17. h4—h5	Tç8—ç7
18. b4—b5	

La position des pions blancs sur l'aile roi est maintenant telle que le Roi noir n'a aucune possibilité de se retirer sur la case ç6, ni d'attaquer en même temps un pion blanc sans protection (Tf6, Tg6 ou Th6). Les Blancs vont donc chasser le Roi noir et il y a plusieurs procédés qui conduisent au gain de la partie.

18. .... a6×b5

Ou 18....Té3 ; 19. b×a6, etc.

19. Td5×b5+.	Rb6—a6
20. Té5—ç5	

Et la partie est pour ainsi dire terminée, parce que les Blancs gagnent le pion ç.

Dans cette deuxième variante principale, où les Noirs se hâtent de jouer b×a4, nous faisons connaissance avec une manœuvre très intéressante qui joue un rôle primordial dans la lutte pour les colonnes ouvertes. D'abord, les Tours agissent verticalement (le long de la colonne a). Lorsque les Noirs, par l'échange à a4, ont fermé la colonne pour éviter la perte de la partie selon la première méthode, ils permettent aux Tours blanches de faire une pression le long de la 5e traverse.

La percée sur cette rangée, par d4—d5, se poursuit très logiquement et donne aux Tours blanches leur effet maximum, aussi bien horizontalement que verticalement.

C'est la conduite typique des opérations dans les positions de ce genre, conduite que tous les joueurs doivent connaître.

VI. — *Attaque directe contre le Roi adverse. Quelques conseils.*

Les attaques directes contre le Roi de l'adversaire sont les plus passionnantes. Elles sont à comparer avec un sprint final, surtout lorsque le coureur voit la fin de sa course toute proche. A ce moment de la partie, chaque coup peut amener la décision.

Étant donné que les motifs de l'action sont très clairs et le but précis, les débutants sont en mesure de comprendre sans difficulté cette phase de la partie. Souvent les joueurs se jettent dans une attaque foudroyante, sans avoir au préalable fait un semblant de préparation positionnelle. Une telle tactique est fausse et conduit rapidement à la perte de la partie, en supposant bien entendu que l'on a devant soi un adversaire même modérément averti. Avant de commencer une attaque sur l'aile roi, il faut avoir obtenu comme Steinitz l'a si bien dit, un avantage quelconque. Un assaillant doit pouvoir mobiliser des forces considérables, supérieures à celles de son antagoniste, soit parce qu'il a développé davantage de matériel, soit parce qu'il a placé ses pièces à de meilleurs postes, ce qui leur donne un avantage dynamique. On peut obtenir ces avantages de différentes façons, comme nous allons vous le démontrer.

Avance du développement.

Un débutant pèche souvent contre les règles du développement, c'est-à-dire qu'il en néglige la nécessité.

Il essaie simplement d'accaparer quelque chose le plus vite possible. Il fait la chasse au moindre pion et en le prenant, perd des temps précieux, que son adversaire utilise pour donner à ses pièces le maximum d'efficacité, à moins qu'il ne le laisse faire et préfère succomber par inaction.

C'est surtout le joueur qui a les Noirs, qui est obligé d'éviter les pertes de temps, puisqu'il a au départ, un retard d'un trait, ce qui lui rend plus difficile de protéger les points faibles de sa position. Dans les débuts de la partie, c'est la case f7 qui donne le plus de souci, vulnérable comme elle est aux attaques directes des Fous, Cavaliers et Dame de l'adversaire, alors qu'elle est seulement protégée par son Roi. Mais, même lorsque la protection est doublée par un roque rapide, les dangers d'un retard dans le développement ne sont pas à sous-estimer.

Diagramme 37.

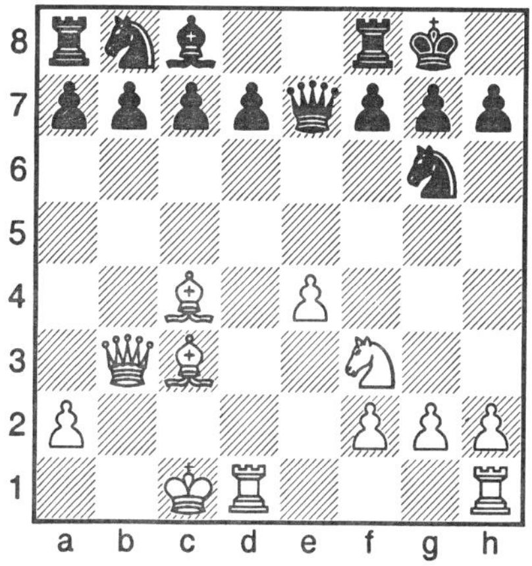

Le trait est aux Blancs.

Voyez le diagramme 37. Cette position peut se produire après le début du gambit Danois 1. é4, é5 ; 2. d4, é×d4 ; 3. ç3, d×ç3 ; 4. Fç4, ç×b2 ; 5. F×b2, etc. Ce gambit donne aux Blancs une forte attaque après le sacrifice de deux pions. Dans la position du Diag. les Noirs n'ont pas assez soigné leur ouverture. Ils n'ont rien fait pour le développement de l'aile Dame, ils ont abandonné aux Blancs, la possession de la paire de Fous et ils ont développé leur cavalier Roi de façon artificielle (via é7 à g6). Les Blancs possèdent en outre, un ample choix dans leurs possibilités d'attaque. 1. Th—é1 est très fort, puisqu'après la réponse 1....d6 ils continuent par 2. é5, de sorte que chacune de leurs pièces joue efficacement.

Les Noirs, toutefois, pourraient ne pas jouer : 1....d6 et développer leur Fou par 1....b6 et 2....Fb7.

Dans ce cas, les Blancs feront bien d'accentuer leur attaque par : 1. h4 avec la menace 2. h5, Ch8 (2....Cf4 n'est pas meilleur) ; 3. h6, g6 ; 4. Db2 qui gagne le cavalier h8. Ce dernier coup nous fait penser qu'après tout l'occupation immédiate de la case b2 par la Dame Blanche enlève toute possibilité aux Noirs de protéger leur pion g. Donc 1. Db2 ! Bien entendu, dans ce cas, les Noirs peuvent essayer 1....Dç5 ; 2. Fb3, Rh8 ; 3. Rb1, f6 ; mais ceci aggrave la mauvaise position des Noirs parce que leur aile Roi s'affaiblit piteusement. Les Blancs en profitent donc et gagnent facilement par 4. é5.

En premier lieu, la force de la Dame à b2 ne se manifeste pas par la conquête proprement dite du pion g, mais parce que la perte de ce pion occasionne pour les Noirs l'affaiblissement de toutes les cases noires autour de leur Roi.

Un autre exemple est montré au Diag. 38.

Les Noirs ont un pion de plus. De la position, nous pouvons déduire que les Noirs ont joué Db6 et D×b2 et qu'alors leur Dame attaquée a dû revenir à son point de départ. Un débutant est souvent tenté de faire de pareils coups, qui ont une certaine apparence de « tout repos ».

Ici, les Blancs continueront par : 1. Cé5, Fé7 ; 2. Dé2, et les Noirs sont déjà obligés de parer à une éventuelle

Diagramme 38.

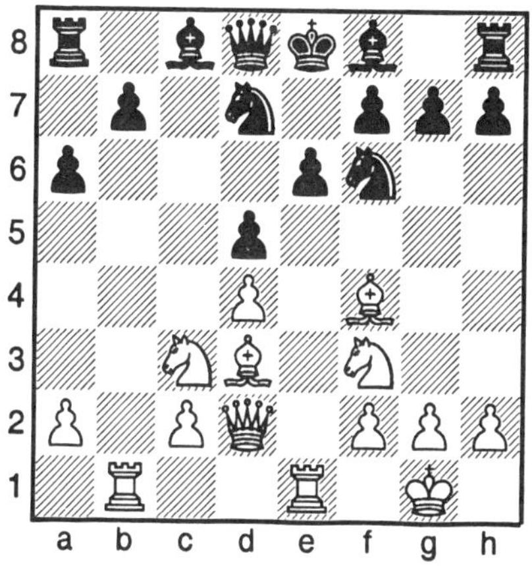

Trait aux Blancs.

menace (3. C×f7, R×f7 ; 4. D×é6+, Rf8 ; 5. Fç7, D×ç7 ; 6. D×é7+, Rg8 ; 7. Ff5, etc.). Les Noirs sont donc obligés de roquer immédiatement, après quoi, les Blancs ouvrent la chasse au cavalier Roi par g4 et g5, ou même aussitôt en plaçant leur Dame à h3.

Lors d'une attaque, il est très important de débarrasser la troisième rangée de pions, afin que les Tours puissent être transportées via b3 ou é3, vers l'aile roi pour renforcer le potentiel agressif. Nous ne voulons pas approfondir davantage les préparatifs d'attaque, mais seulement montrer quelques positions qui sont mûres pour être attaquées.

Avantage au centre.

Un avantage au centre forme généralement la base d'une attaque victorieuse sur l'aile Roi. Le Diag. 39, nous montre une position de cet ordre.

Le fait que les Blancs ont conservé les deux Fous, augmente leurs chances. L'attaque débutera par é4—é5, afin de chasser le cavalier de sa position idéale à f6, d'où il protège son aile Roi ; par ailleurs, ce coup libère la case é4 où les Blancs installeront un Cavalier qui prendra part à l'attaque.

Diagramme 39.

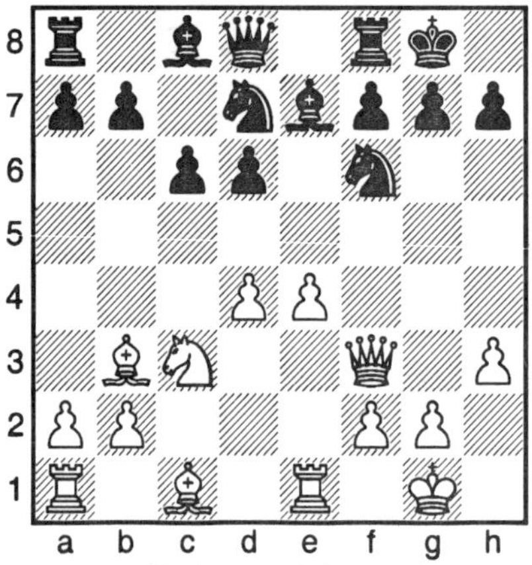

Trait aux Blancs.

Bien que le coup immédiat : é4—é5, soit efficace, une préparation par Ff4 et Ta—d1 est encore meilleure et provoquera un écroulement rapide de la position des Noirs.

Les Blancs par exemple peuvent commencer par une attaque sur h7, après avoir chassé le Cavalier (Fç2 et un coup de la Dame). Ceci obligerait les Noirs d'avancer un pion, ce qui affaiblit leur aile Roi, puis peu à peu, les Blancs seront en mesure de préparer quelques combinaisons avec un sacrifice au choix. Nous vous recommandons d'essayer vous-même d'analyser les positions de ce chapitre. Vous devrez alors examiner quelles sont les meilleurs lignes d'attaque pour les Blancs en leur opposant les meilleures défenses possibles pour les Noirs. Ce serait un très bon exercice dont vous apprendriez beaucoup. Il reste à remarquer que dans toutes ces positions, il peut être prouvé que l'avantage des Blancs est net et que la position des Noirs est à la fin intenable.

Le Diag. 39, nous montre en particulier comment une position peut être sans espoir lorsque le joueur ne dispose pas d'assez d'influence au centre.

Avantage sur l'aile Roi.

Cet avantage est souvent créé par l'imprudence du joueur au moment du roque. Notez bien que vous pouvez avoir choisi de roquer au mauvais moment, ou après avoir roqué, vous n'avez plus porté assez d'attention à la protection des pièces qui défendent la position de votre Roi. La meilleure position comporte un Cavalier placé à f6 ou f8. (Pour les Blancs naturellement, à f3 ou f1). Cette protection est absolument nécessaire, lorsque les pièces ennemies sont placées de telle façon qu'elles sont immédiatement disponibles pour une attaque directe contre l'aile Roi. Voyez le Diag. 40.

Diagramme 40.

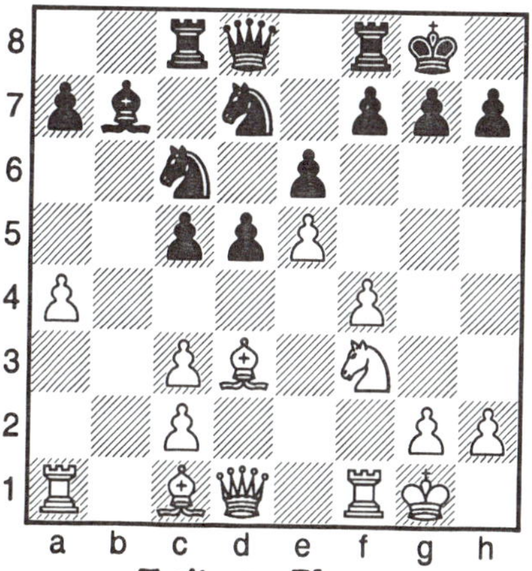

Trait aux Blancs.

Les Noirs sont au centre et ont une belle position sur l'aile Dame, malheureusement ils viennent d'effectuer le petit Roque. Les Blancs forcent maintenant la victoire par une magnifique combinaison doublée d'un sacrifice :

1. F×h7+, R×h7 (après 1....Rh8, suit 2. Cg5 et Dh5 ou Df3 et Dh3) ; 2. Cg5+, Rg8 ; 3. Dh5 et gagnent ; ou 2....Rg6 ; 3. Dd3+ et gagnent.

Le sacrifice du Fou à h7 est tellement connu, qu'il est presque superflu d'en parler. Mais le fait que souvent des joueurs exercés tombent dans le piège, nous oblige à en faire mention.

Diagramme 41.

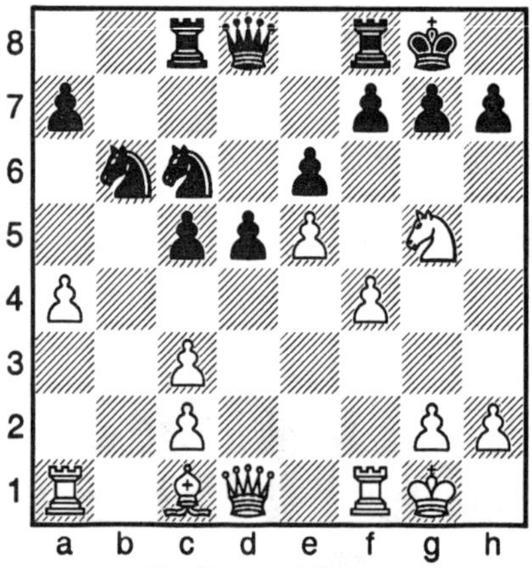

Trait aux Blancs.

Dans le Diag. 41, nous voyons quelque chose d'identique : dans la position de l'aile Roi des Noirs, manque le cavalier protecteur. Les Blancs peuvent faire valoir ici leur avantage sans faire de sacrifice :

1. C×h7, R×h7 ; 2. Dh5+, Rg8 ; 3. Tf3, ne serait pas mal, mais les Noirs ont alors le coup 3....f5 qui les sauve de justesse.

Les Blancs n'ont alors que la Dame et la Tour de disponible pour l'attaque, ce qui ne sera pas suffisant dans le cas présent.

Les Blancs cependant pourraient jouer 1. Dd3, g6 ; 2. Dh3, h5 ; 3. g4 et l'attaque des Blancs est bientôt foudroyante. Par exemple : 3....Rg7 ; 4. g×h5, Th8 ; 5. h6+ et les Noirs ne doivent pas jouer 5....T×h6 à cause de 6. D×h6+, R×h6 ; 7. C×f7+ suivi de 8. C×d8 et les Blancs ont gagné la qualité.

Dans cet exemple, la décision est obtenue parce que les Blancs ont forcé l'aile Roi ennemie (....g6 et h5). Pour parvenir à ce résultat, il faut jouer les coups dans leur ordre correct, donc Dd3 et non Dh5, parce qu'alors les Noirs peuvent répondre par h6 et les Blancs n'ont rien obtenu, c'est-à-dire rien pour le moment.

Il est clair que le seul coup forcé ....h6 ne bouleverse pas autant la défense noire que les deux coups ....g6 et h5 ; en outre, après le coup noir ....h6, les Blancs perdent un temps par le retrait du Cavalier attaqué.

Les positions de l'aile Roi affaiblies organiquement.

De telles faiblesses se produisent lorsque les pions qui protègent le Roi ne se trouvent plus côte à côte sur la 2e rangée.

Aussitôt que l'un d'eux a avancé ou a été pris, l'aile Roi est affaiblie.

Une telle faiblesse peut être très dangereuse lorsque l'attaquant n'a pas encore roqué, car il peut facilement

Diagramme 42.

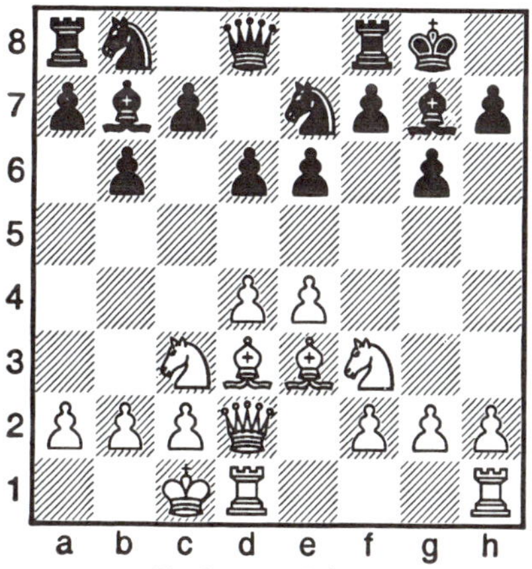

Trait aux Blancs.

ouvrir une colonne. Ceci est valable également dans le cas où l'adversaire a roqué sur l'autre aile comme le Diag. 42 nous le démontre.

Ici les Noirs ont posté leurs deux Fous en fianchetto, mais ils ont très peu fait pour leur centre ; le résultat est que maintenant, seules les faiblesses des Fous en fianchetto sont visibles, tandis que nous n'apercevons rien de leurs avantages.

Les Blancs commencent par 1. h4. Par ce coup, ils menacent d'ouvrir la colonne h, par 2. h5 et 3. h×g6. Contre ceci, les Noirs ne peuvent rien, car après 1. . . . h5, les Blancs peuvent rapidement obtenir la percée par g2—g4.

Diagramme 43.

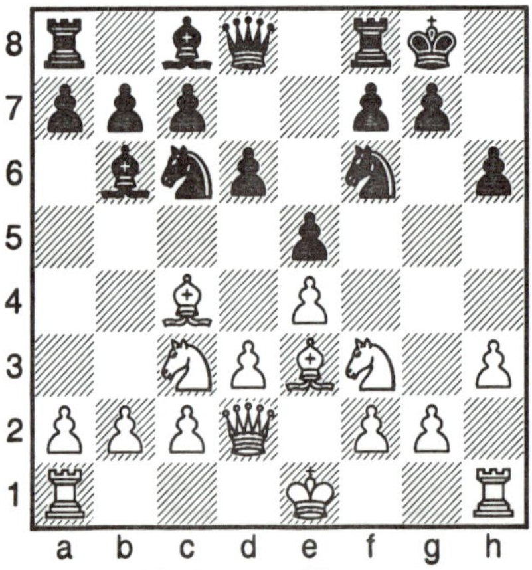

Trait aux Blancs.

La situation est moins nette dans le Diag. 43. Un sacrifice F×h6 serait tentant et fait quelquefois gagner la partie dans des positions similaires. Toutefois, le résultat est douteux ici.

Les Blancs obtiennent bien trois pions en compensation de leur Fou, mais après cet échange, leur attaque est arrêtée net. 1. F×h6, g×h6 ; 2. D×h6, Ch7 (pour éviter 3. Cg5) ; 3. Dg6+, Rh8 ; 4. F×f7, Df6 et les

Blancs sont obligés de faire l'échange des Dames.

La clef de cette position se trouve de nouveau en une attaque de pions afin de frayer un passage aux Tours sur une colonne ouverte ; les Blancs joueront donc g4 puis g5 et continueront à suivre leur idée primitive F×h6 puisque maintenant ils peuvent après ....Ch7, répondre par g4—g5, menaçant g5—g6.

Les Noirs ont la possibilité de se défendre obstinément en empêchant la percée g4—g5 le plus longtemps possible.

1....F×é3 ; 2. D×é3, Ch7 ; 3. O—O—O, Fé6 ; 4. Tdg1, F×ç4 ; 5. d×ç4, f6 ; 6. h4 et l'attaque des Blancs continue. Au lieu de 5....f6 on peut jouer 5....Cg5, mais après ce coup, les Blancs ne prennent pas le cavalier, ils le chassent par 6. h4, ce qui cadre bien avec leur plan de combat.

En définitive, l'attaque mène ici une nouvelle fois à la victoire.

Nous terminons ce chapitre en vous mettant en garde contre une erreur répandue qui consiste à croire à la nécessité absolue de finir une partie par une attaque foudroyante sur l'aile Roi de l'adversaire. En l'occurrence, nous disons qu'il n'est aucunement obligatoire de brûler ses vaisseaux derrière soi ; ceci ne serait qu'une tactique de désespoir et une attaque bien préparée sur le Roi ennemi ne doit pas être un acte désespéré, mais doit former un maillon logique dans l'ensemble de nos pensées stratégiques.

Bien des fois, nous avons la chance d'obtenir un avantage durable par une attaque sur l'aile roi adverse et de poursuivre cette attaque d'une façon lente et réfléchie par un jeu calme et circonspect.

Ces leçons que nous avons tirées des chapitres précédents, peuvent être appliquées aux attaques les plus violentes et directes.

VII. — *Généralités sur l'art des combinaisons.*

On a l'habitude de faire une séparation complète entre le jeu de combinaison et le jeu de position. On suppose que le jeu de combinaison n'est fait que d'attaques fulgurantes et que le joueur doué d'un style « retors » ne s'occupe que des pièges dans lesquels son adversaire doit tomber.

Pourtant, le joueur qui combine sans préparation solide ou sans attendre le moment propice, ne peut pas être appelé un joueur de combinaison au vrai sens du mot. D'autre part, les combinaisons sont nécessaires à un joueur de position, parce que sans combinaison un avantage positionnel ne pourrait jamais évoluer en victoire définitive. En résumé, nous devons dire que la combinaison forme le climat naturel de toute partie positionnelle.

Morphy, le prince du jeu de combinaison, était également un maître de la manœuvre positionnelle et sur ce chapitre, il devançait largement ses contemporains. Anderssen, par exemple, était un fort joueur, aussi fort que Morphy dans l'art de combiner, peut-être, mais dans le choix de la construction, dans la préparation qui mène de la position à la combinaison, Anderssen ne supportait pas la comparaison, et lors des rencontres des deux adversaires, le dernier avait beaucoup moins d'occasions de déployer ses talents de joueur retors.

Au cours des chapitres précédents, nous avons montré quelques combinaisons simples. Cette fois-ci, nous examinerons quelques exemples plus difficiles tout en insistant sur la question de préparation positionnelle qui permet l'échafaudage combinatoire.

Essayer de classifier les différentes combinaisons nous emmènerait trop loin. Pour notre propos, il est plus indiqué d'examiner quelques points précis, tels qu'avance de développement, bonne position de nos pièces ou mauvaise position des pièces de notre adversaire.

Il y a dans la partie un élément très important et même décisif dans beaucoup de cas, c'est la pièce « surchargée », une pièce qui a une tâche spéciale (par exemple la protection d'un pion) et qui tout à coup se trouve forcée de se charger d'une nouvelle tâche. Il se peut d'autre part que cette pièce soit attaquée et que l'on doive penser à sa sécurité d'abord ; il faut fuir et toute la position s'écroule. Pour mieux vous expliquer ces situations, voici quelques exemples :

D'abord une partie qui montre comment nous devons et comment nous ne devons pas combiner.

1. é2—é4	é7—é5
2. Cg1—f3	Cb8—ç6
3. Ff1—ç4	Ff8—ç5
4. Fç4×f7+?	Ré8×f7
5. Cf3×é5+	Cç6×é5
6. Dd1—h5+	

Les débutants font souvent des combinaisons de ce genre, tant ils sont heureux de pouvoir annoncer « Échec au Roi » à leur adversaire. Un débutant qui jouerait avec les Noirs serait tenté de vouloir conserver son avantage matériel par 6. . . . Rf6 et ne se rendrait pas compte que, ce faisant, il affaiblirait inutilement sa position. Par exemple 6. . . . Rf6? ; 7. d4 et les Blancs sont bien mieux pour la bonne raison qu'il y a deux menaces, la première par le pion d qui pourrait reprendre une pièce, la deuxième par le coup 8. Fg5+ gagnant la Dame.

6.	g7—g6!
7. Dh5×é5	d7—d6!

C'est ainsi que les vrais maîtres jouent ! Les Noirs ne font aucune tentative de conserver leur avantage matériel et ils vont même plus loin : ils sacrifient encore du matériel pour se procurer un avantage dynamique. Le joueur qui avait les Noirs dans cette partie n'était autre que le fameux joueur J. H. Blackburne.

8. Dé5×h8	Dd8—h4
9. O—O	

Ici un joueur averti aurait avancé le pion d à d4, afin de développer le Fou Dame coûte que coûte.

9.	Cg8—f6
10. ç2—ç3	

Même ici 10. d4 aurait été mieux, éventuellement suivi de 11. Cd2. La rapidité de développement de vos pièces est la première condition pour sortir d'une position critique ! Après le coup du texte, les Blancs sont perdus, car une armée formidable monte à l'assaut de l'aile Roi adverse.

10.	Cf6—g4
11. h2—h3	Fç5×f2+
12. Rg1—h1	Fç8—f5!
13. Dh8×a8	Dh4×h3+!
14. g2×h3	Ff5×é4 mat!

Une victoire magnifique ! Les fautes commises par les Blancs dans leur ouverture seraient peut-être restées impunies avec un adversaire moins exercé, mais la cause de la catastrophe ne peut pas être mise mieux en relief que dans cette partie.

Il en est toujours ainsi dans le jeu de combinaison. Le secret d'une victoire consiste simplement en la découverte d'un coup positionnellement faible de l'adversaire. Les Noirs ont constaté ici qu'après un sacrifice qualitatif, leurs pièces pouvaient occuper des postes clef, pendant que la Dame blanche restait enfermée temporairement. Prévoir une position qui découle de la future situation de la partie après échange de quelques coups, reconnaître la possibilité de faire un jeu de combinaison ensuite, voilà ce que nous devons apprendre. Mais il faut toujours commencer par placer les bases en se donnant la peine de développer ses pièces le plus rapidement et le mieux possible.

Maintenant, voici quelques positions extraites de parties de Maîtres.

Diagramme 44.

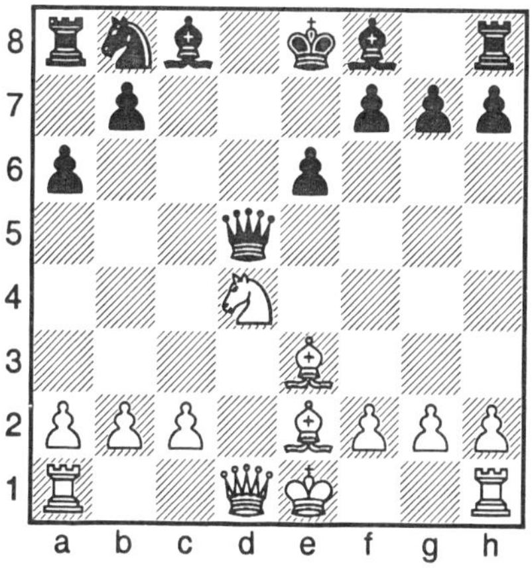

Position après 9. Ff1—é2.

Cette position est extraite d'une partie entre NIMZOWITCH et ALAPIN. Les Noirs sont aussi mal que possible parce que la seule pièce développée est leur Dame, tandis que les Blancs ont trois pièces qui jouent.

La suite fut : 9. . . . Dd5×g2?

Une témérité impardonnable ! Alors qu'ils ont du retard dans leur développement, les Noirs veulent néanmoins butiner des pions et ne font que perdre des « temps » !

L'avance de développement des pièces blanches devient si grande que bientôt elles arrivent à combiner toutes seules entre elles !

10.	Fé2—f3	Dg2—g6
11.	Dd1—d2	é6—é5
12.	0—0—0	

Un sacrifice parfaitement correct !

12.	....	é5×d4
13.	Fé3×d4	

Examinons maintenant la position. Les Blancs ont posté leurs pièces et commandent les deux diagonales centrales. Les Noirs par contre n'ont développé que leur Dame, leur pièce de renfort est sans valeur et leur terrible retard de développement aura bientôt une influence fatale.

13. .... Cb8—ç6

Ce dernier coup donne l'occasion aux Blancs de terminer la partie d'une façon magistrale.

14. Fd4—f6!!

Menace de 15. Dd8+ suivi de Mat. Après 14....Fé7 ou 14....g×f6, les Blancs jouent d'abord 15. F×ç6+, etc.

14. .... Dg6×f6
15. Th1—é1+ Ff8—é7

Les Noirs n'ont aucun moyen d'éviter le mat.

16. Ff3×ç6+ Ré8—f8

Ou 16....Fd7 ; 17. D×d7+, Rf8 ; 18. Dd8+ et mat en deux coups. Un triomphe pour le développement !

17. Dd2—d8+ Fé7×d8
18. Té1—é8 mat.

L'exemple suivant est, si possible, encore plus joli.

Diagramme 45.

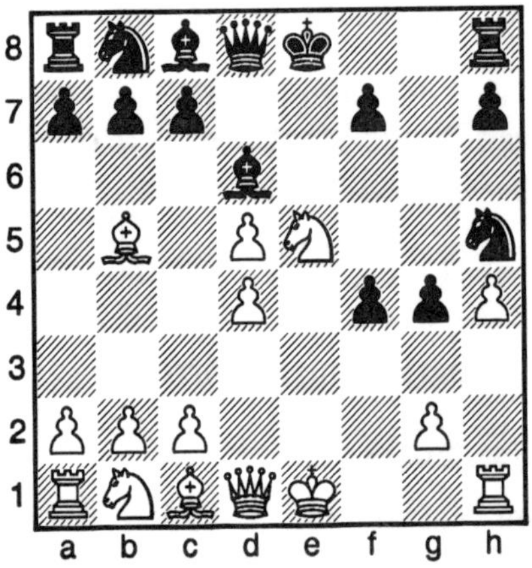

Position après 9. Fç4—b5+.

Cette position N° 45 représente le milieu d'une partie ROHANNES-ANDERSSEN. Les Blancs ont choisi d'annoncer par leur dernier coup (9. Fç4—b5+) un échec au Roi, alors qu'il aurait été préférable de continuer le développement de leurs pièces. Les Noirs jugent maintenant l'occasion propice pour renforcer leur avantage dynamique sur l'aile roi.

9.	ç7—ç6
10. d5×ç6	b7×ç6
11. Cé5×ç6	Cb8×ç6
12. Fb5×ç6+	Ré8—f8!
13. Fç6×a8	Ch5—g3
14. Th1—h2	Fç8—f5

Les Noirs ont une Tour en moins mais on peut déjà apprécier leur jugement. Sur l'aile Roi, tout est « Noir » ! La Tour blanche est enterrée vivante et les Blancs n'ont qu'une pièce qui joue (le Fou à a8 qui est attaqué et devra perdre encore un temps pour se mettre en sécurité). Dès lors, les Noirs seront en mesure d'occuper la colonne ouverte é en y plaçant leur Tour, et en menaçant le Roi adverse ils gagneront encore un temps. Le sacrifice était donc basé sur des considérations générales positionnelles, ce qui nous permet de laisser de côté toutes les analyses de variantes multiples et secondaires.

15. Fa8—d5	Rf8—g7
16. Cb1—ç3	Th8—é8+
17. Ré1—f2	

Les Noirs sont sûrs de la victoire. La question principale est de trouver le coup juste, et ANDERSSEN résout ce problème d'une façon admirable.

17.	Dd8—b6!

Empêche 18. Fd2 et menace 18....Fé5.

18. Cç3—a4	Db6—a6!

Attaque le Cavalier et menace mat par 19....Dé2+. Si les Blancs jouent maintenant 19. ç4, la suite sera

19....D×a4. 20 D×a4, Té2+ et mat en deux coups (21. Rg1, Té1+, etc.).

19. Ca4—ç3 Fd6—é5!

Un problème ! le Fou ne peut pas être pris à cause de 20....Db6+.

20. a2—a4 Da6—f1+!!
21. Dd1×f1 Fé5×d4+
22. Fç1—é3 Té8×é3

Puis mat par 23....Té2, 23....Té1 ou 23....Tf3 selon le 23e coup des Blancs.

Dans cette partie magnifique, les Noirs ont gagné grâce à la manière intelligente dont ils ont su se procurer un avantage matériel sur la partie la plus grande de l'échiquier. Pour y parvenir, ils ont sacrifié une Tour, se créant ainsi la possibilité d'enfermer la Tour de l'adversaire et d'annuler toute activité sur l'aile dame de celui-ci.

Diagramme 46.

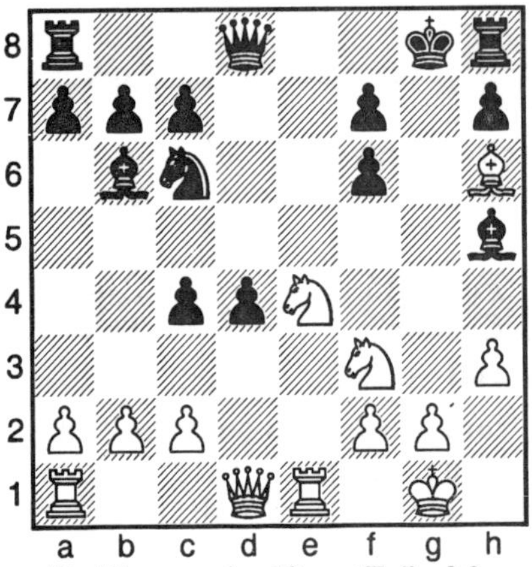

Position après 13....Fç5—b6.

Position obtenue dans une partie KOTRC-WEIGL. Le Roi noir se trouve dans un réseau de mat, de sorte que chaque échec peut lui porter un coup mortel. La suite est très amusante.

14. Cf3×d4!	Fh5×d1
15. Cd4×ç6	b7×ç6
16. Ta1×d1	Dd8—é7
17. Cé4—g3	Dé7—ç5
18. Té1—é3	f6—f5
19. Cg3—é4!	

et les Noirs abandonnent parce que le coup suivant sera « échec et mat » ou leur fera perdre la Dame.

Ceci est un exemple d'une pièce « surchargée ». En effet, la Dame noire ne pouvait à la fois se protéger elle-même et garder le Roi.

Examinons le Diagramme 47, position extraite d'une partie SALWE-RUBINSTEIN. Il est clair que les Noirs sont mieux, mais il est moins facile de trouver la façon dont ils doivent continuer l'attaque et éviter en même temps la fermeture complète de la position.

Diagramme 47.

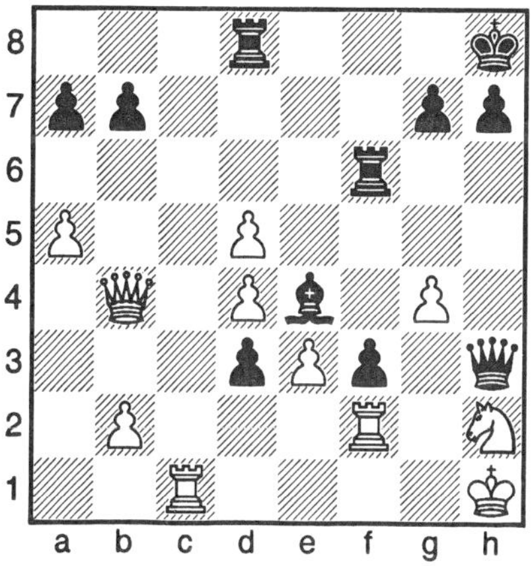

Position après 32. Dd2—b4.

32.	d3—d2!
33. Tç1—d1	

33. D×d2 perd à cause de : 33....Th6 (menace 34. D×h2+!) ; 34. Rg1, Dg3+ ; 35. Rf1, T×h2! ; 36.

T×h2, Fd3+ ; 37. D×d3, D×h2 et le pion passé des Noirs est trop fort.

33.	Dh3—g3!
34. Db4—é7	Td8—ç8
35. Tf2×d2	Dg3—é1+!

Très important : le pion doit à la fois annoncer échec à la découverte et attaquer la Tour adverse.

36. Td1×é1	f3—f2+
37. Dé7×é4	f2×é1D+.

et les Blancs abandonnent.

Nous avons donc vu comment il faut au moyen d'une combinaison, tirer profit d'une meilleure position. Si les Noirs n'avaient pas réussi à forcer les opérations, les Blancs auraient pu créer avec leur Dame toutes sortes de contre-menaces.

Le Diagramme 48 nous montre enfin une phase de la partie immortelle de Rubinstein contre Rotlevi.

Diagramme 48.

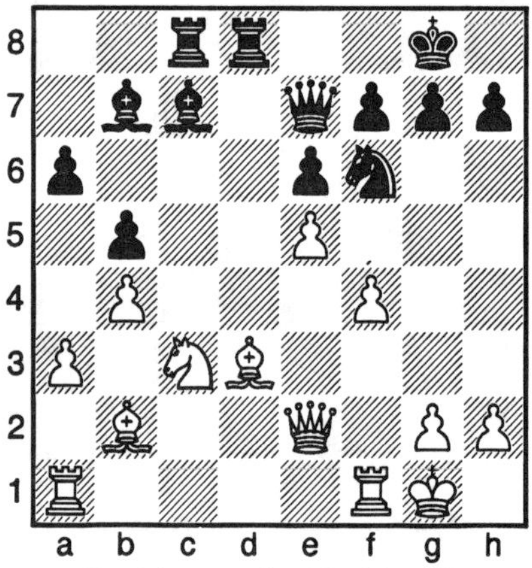

Position après 19. é4—é5.

Les Noirs ont une certaine avance de développement, leurs Tours ont déjà une influence sur les mouvements adverses ; leur Fou-Dame est mieux placé, car celui de leur adversaire est bloqué par un Cavalier et le pion é. Dans ces conditions, le pion é avancé des Blancs n'est pas un soldat vaillant mais un faible blessé au même titre que le pion f. Et les Noirs savent en tirer profit magnifiquement.

19. .... Fç7—b6+
20. Rg1—h1 Cf6—g4!

« Surcharge ». La Dame blanche est condamnée à protéger d'abord son propre Fou. Après 21. D×g4, T×d3, la position des Blancs s'écroulerait rapidement.

21. Fd3—é4 Dé7—h4
22. g2—g3

Après 22. h3, 22....T×ç3 gagne. Après le coup du texte, nous voyons un magnifique exemple de surcharge : la Dame blanche a mille et une responsabilités.

22. .... Tç8×ç3!!
23. g3×h4

Les Blancs ont peu de choix. Après 23. F×ç3, les Noirs gagnent par : 23....F×é4+ et 23. F×b7 ne peut rien contre 23....T×g3.

23. .... Td8—d2!!
24. Dé2×d2

La Dame ne peut pas prendre en charge la protection du pion h2, du Fou é4, et d'elle-même.

24. .... Fb7×é4+
25. Dd2—g2 Tç3—h3!

et les Blancs abandonnent.

Disons quelques mots sur le jeu de défense en guise de résumé.

Lorsqu'un des joueurs n'a développé qu'un nombre insuffisant de pièces et a laissé l'initiative à son adversaire, il risque fort de voir ses pièces « surchargées ». En effet, le peu de pièces développées doit en même temps faire le travail de celles qui ne le sont pas. Essayez donc de répartir au mieux le travail de chacune et de développer aussitôt que possible les traînards. Combiner est plus spectaculaire que jouer la position. Mais c'est un fait que sans une base solide, on arrive difficilement à combiner. Et ce n'est pas par hasard que nous avons cité deux des plus jolies combinaisons de RUBINSTEIN, le plus célèbre joueur positionnel de tous les temps.

VIII. — *La percée.*

Cette phase de la partie a été l'objet d'un bref examen notamment aux 5e et 6e chapitres. La Tour se fraye un passage tel un poussin qui rompt sa coquille et lorsque l'enveloppe se brise, le moment de la percée est arrivé.

Comme les pions peuvent facilement entraver la liberté de mouvement d'une Tour, cette pièce dépend plus que toute autre de la liberté d'accès aux colonnes ouvertes. Mais nous comptons de nombreuses positions où les autres pièces ne peuvent déployer leur complète activité que par l'ouverture des lignes et il est certainement de la plus grande importance de trouver l'exacte méthode pour ouvrir colonnes, diagonales et rangées permettant d'entrer en territoire ennemi.

La préparation d'une percée demande les plus grands soins. Auparavant toutes les pièces doivent être placées de telle sorte que nous puissions en tirer profit immédiatement. En règle générale, celui qui domine le plus de cases avant la percée, peut faire un meilleur usage de ses pièces après.

Dans la majorité des cas, la percée est créée par une avance de pions donnant comme résultat l'échange de quelques pions suivi de l'ouverture des colonnes. Souvent on sacrifie le pion qui fait le pas en avant décisif, souvent c'est le sacrifice d'une pièce qui conduit à l'ouverture des lignes.

Bien entendu, une percée ne peut être entreprise que dans une position bloquée ou presque. S'il y a déjà des colonnes ouvertes, l'ouverture d'autres colonnes serait superflue et même quelquefois dangereuse, à part quelques exceptions. Avant d'examiner des exemples pratiques, nous sommes obligés de nous occuper encore un peu du squelette ou chaîne de pions. Bien que dans les diagrammes les pièces ne figurent pas, nous devons supposer leur existence dans les deux camps.

Diagramme 49.

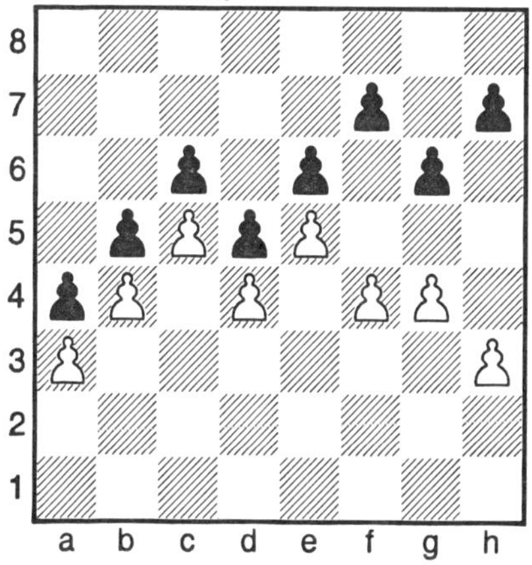

Les Blancs ont de bonnes chances de se frayer un passage, notamment au moyen du coup f4—f5.

Diagramme 49. Ici les Blancs ont une bonne position de pions. Ils peuvent déplacer leurs pièces facilement (comme toujours dans des positions semblables), de sorte qu'après la percée, elles seront immédiatement au cœur de la bataille. Dans certaines conditions, les Blancs peuvent même forcer une percée par h3—h4—h5, après une préparation par g4—g5. Jouer immédiatement h7—h5 ne donnerait rien, parce que les Blancs pourraient alors bloquer la position par g4—g5.

Il arrivera rarement que les Noirs profitent d'une percée puisque les cases critiques (f6—f5) se trouvent toutes les deux dans leur propre camp.

Le point de la percée des Blancs se trouve sur territoire ennemi et a donc plus de valeur pour eux. La liberté de mouvements plus grande des Blancs jouera le rôle décisif.

Diagramme 50.

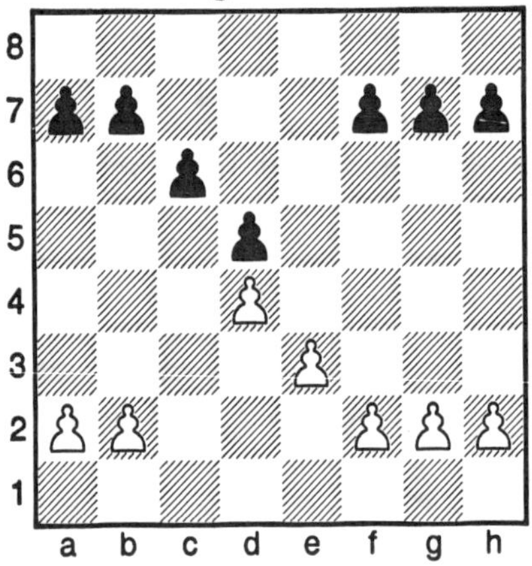

Les Blancs cherchent une percée par b4—b5
et les Noirs par f5—f4.

Le Diagramme 50 est tiré de la pratique, par exemple après : 1. d4, d5 ; 2. ç4, é6 ; 3. c×d5, e×d5 ; 4. é3, ç6. Souvent des mouvements de pièces interviennent entre ces coups, mais ceci n'a pas d'importance pour le moment. Nous appelons le Diagramme 50 : « Position demi-ouverte » car les colonnes complètement ouvertes sont absentes.

Les deux joueurs ont chacun une colonne demi-ouverte à leur disposition. Les Blancs la colonne ç et les Noirs la colonne é. Remarquez l'importance des cases b5 et f4, points où auront lieu les percées. Les Blancs sont mieux pour les raisons suivantes : Les deux Rois se trouvent probablement à g1 et g8. Les Noirs empêcheront la percée blanche (b5) par a7—a6 obligeant les Blancs à jouer d'abord a2—a4. Lorsque les Noirs seront contraints de jouer pareillement sur l'aile roi et voudront répondre après le coup des Blancs g2—g3 par g7—g5, leur Roi sera pratiquement dépouillé de son protecteur. De telles considérations sont d'une grande importance, lorsqu'on veut examiner de près l'à-propos d'une percée.

Remarquez que l'ouverture de la colonne ç dans la position du Diagramme n'est pas absolument forcée : tout dépend du coup des Noirs. Ils peuvent jouer ....ç6 × b5 lorsque le pion blanc arrive à b5. S'ils ne le font pas, alors les Blancs jouent b5×ç6 et après ....b7×ç6, les Blancs ont la colonne ouverte b et des chances d'attaque sur un pion ç faible des Noirs.

Dans le cas contraire, si les Blancs ne jouent pas é3×f4 après une percée des Noirs, la suite sera .... f4×é3 et les Noirs auront la colonne f ouverte et des chances d'attaque sur le pion faible é des Blancs.

Diagramme 51.

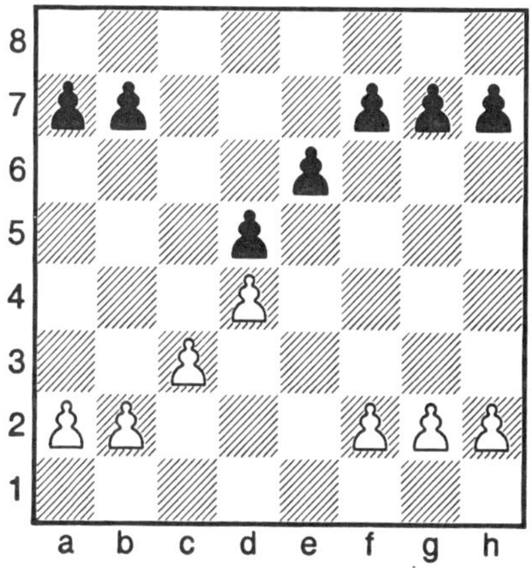

Variante d'échange dans une partie Caro-Kann. Les Blancs visent à une percée par f4—f5, les Noirs par b5—b4.

Diagramme 51. Si l'on compare avec le Diagramme 50, les rôles ont changé : les Blancs tenteront le passage par f4—f5, les Noirs par b5—b4. La position ci-dessus est obtenue après : 1. é4, ç6 ; 2. d4, d5 ; 3. é×d5, c×d5 ; 4. ç3, é6. En tenant compte de ce que nous avons vu au Diagramme 50, nous pouvons supposer que les Noirs sont un peu mieux. Toutefois, cette bonne impression sera considérablement tempérée par le fait que les Blancs ont le trait et l'initiative.

Diagramme 52.

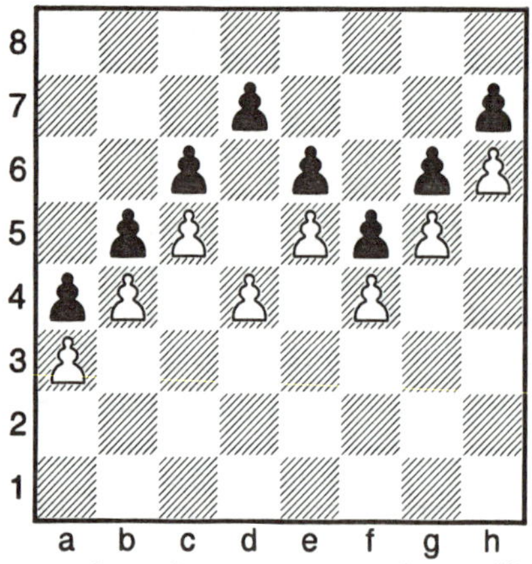

La percée ne peut être obtenue que par le sacrifice d'un pion : d5 des Blancs, ou d6 des Noirs. Les Blancs sont mieux.

Diagramme 52. Ici nous avons une position complètement bloquée, dans laquelle nous ne pouvons faire une brèche que par un sacrifice quelconque.

Les Blancs n'ont qu'un coup de pion à leur disposition, c'est-à-dire d5 ; les Noirs ont le choix entre deux coups : d6 et d5. Dans les trois cas, il faut sacrifier un pion.

Pour quelle raison le sacrifice des Blancs signifierait-il un danger pour les Noirs dans tous les cas, alors que le sacrifice des Noirs ne serait dangereux pour les Blancs qu'en certains cas ? L'explication se trouve dans une règle importante et générale qui dit :

Chaque fois qu'un joueur veut ouvrir le jeu par le sacrifice d'un pion, il faut qu'il ait l'initiative et qu'il ait plus de terrain à sa disposition.

Dans le cas présent, nous voyons la grande différence entre la percée des Blancs et celle des Noirs : lorsque les Noirs acceptent le sacrifice du pion après 1. d4—d5, ils doivent tenir compte du coup ç5—ç6 (ou é5—é6 selon qu'ils prendront avec le pion ç ou é). Si au contraire ce sont les Noirs qui sacrifient par ....d7—d6, leur avantage n'est pas considérable, parce que les coups suivants ....ç6—ç5 ou é6—é5 signifieraient un suicide, sauf naturellement dans certains cas selon la position des pièces blanches et noires.

Pour vous donner maintenant une idée de la puissance d'une percée d4—d5, nous ajoutons au Diagramme 52 les pièces suivantes :

Blancs : Rd3 et Cf3 ; Noirs : Rh8 et Ff8.

Lorsque les Blancs ont le trait, ils gagnent ainsi :

1. d4—d5

Menace simple de 2. d×ç6, suivi de 3. Cd4, etc. En conséquence, les Noirs doivent accepter le sacrifice. Ils ne doivent pas jouer 1....ç×d5 à cause de 2. Cd4 suivi de 3. C×b5, etc. Donc le coup :

1.	é6×d5 est forcé.
2. Cf3—d4	

avec une nouvelle menace de percée, notamment 3. é6. Contre cette menace, les Noirs n'ont pas de défense. La suite pourrait être :

2.	Rh8—g8
3. é5—é6	d7×é6
4. Cd4×é6	Ff8—é7
5. Cé6—d4	

suivi de 6. Cd4×ç6 avec une position nettement favorable pour les Blancs.

Dans le Diagramme 53, aucun coup de pion n'est possible. Le jeu ne peut être ouvert que par le sacrifice d'un pièce. Dans la plupart des positions similaires, les Blancs sont mieux à cause de leur avantage territorial. Leurs pions étant avancés considérablement, les Blancs se décideront au sacrifice d'une pièce pour obtenir la promotion d'un de leurs pions.

Notre diagramme vous en donne un exemple. Le trait est aux Noirs. Si les Noirs jouent 1....Fé8 ou jouent leur Roi, la position donne la nullité. Par contre s'ils jouent 1....Fç8, ils perdent, parce que les Blancs répondent par 2. Fh5, menaçant de 3. F×g6, suivi de 4. h7, etc., tandis que 2....g×h5 perd à cause de 3. g6, etc.

Diagramme 53.

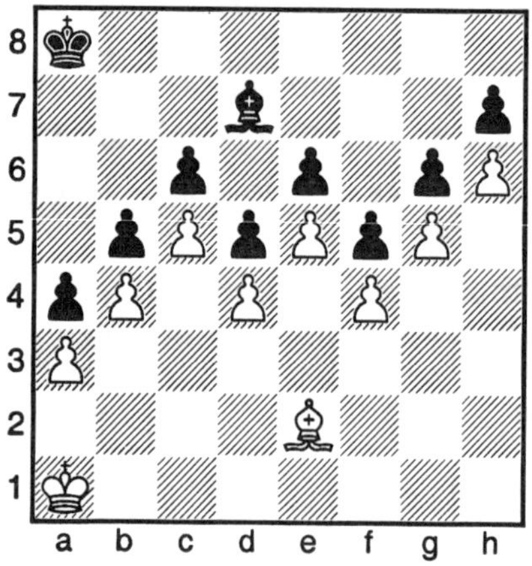

Position complètement bloquée.
La percée n'est possible que par le sacrifice d'une pièce.

Supposons la présence de différentes pièces sur l'échiquier, dans ce cas, les Blancs peuvent souvent sacrifier une pièce pour obtenir deux ou trois pions passés.

Un tel sacrifice est souvent correct, même si la promotion d'un de ces pions ne peut pas être obtenue immédiatement ; en outre, lorsque ces pions avancés réussissent à immobiliser deux pièces ennemies pour les bloquer, les Blancs ont une bonne compensation pour la perte de leur pièce.

Le point faible dans la position noire est b5. Si par exemple les Blancs ont un cavalier à ç3 et un Fou à d3, les Noirs doivent empêcher la prise de leur pion b par tous les moyens.

Pour conclure, nous montrons maintenant un exemple d'une percée dans une partie de maîtres. La position suivante est extraite d'une partie entre Grünfeld et Mattison, Debrecen, 1925.

Diagramme 54.

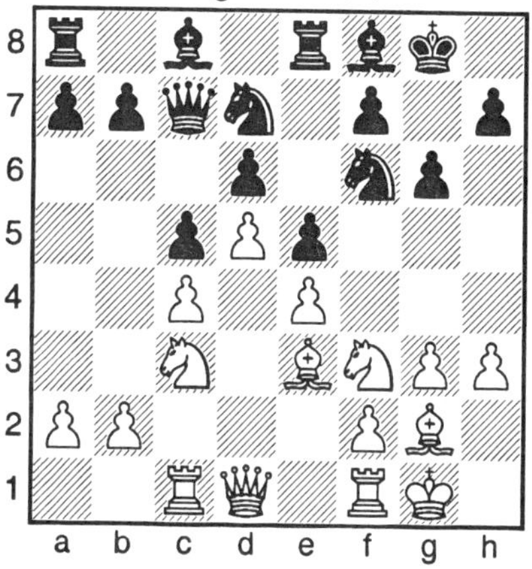

Les Noirs viennent de jouer 12. . . . ç5, ce qui donne à la position son caractère « fermé ».

Les Blancs visent à une percée par f4 et tirent profit de leur plus grande liberté de mouvements et de la meilleure position de leurs pièces.

La suite a été : 13. Cf3—é1

Ce coup permet l'avance du pion f. Le cavalier doit aller à d3, d'où il contrôlera l'importante case é5.

13.	Cd7—b6
14. b2—b3	Ff8—g7
15. Cé1—d3	a7—a6
16. Rg1—h2	Cf6—d7
17. Dd1—d2	Cd7—f8
18. Tç1—é1	f7—f6
19. f2—f4	

La percée ! La position harmonieuse des pièces blanches forme un contraste aigu avec le développement inefficace des Noirs. L'ensemble n'est que la conséquence de la plus grande liberté dont les Blancs disposent.

Si maintenant les Noirs prennent à f4, la suite sera g×f4 menaçant d'une nouvelle percée (par é4—é5 !) éventuellement précédée de Ff2 et Fg3.

Pour cette deuxième percée éventuelle, les Blancs avaient déjà fait leurs préparatifs par leur 18e coup, donc avant de procéder à la première offensive (f4).

19. .... Fç8—d7

Après 19....Cbd7, les Blancs ne peuvent pas continuer par 20. f×é5 (parce qu'alors les Noirs reprennent avec leur cavalier et se procurent une très bonne case pour leurs pièces à é5). Par contre, les Blancs peuvent jouer 20. f5 avec la suite 20....g5 ; 21. h4 (21. F×g5 est aussi très fort) et si les Noirs jouent maintenant 21....g4, ils joueront d'abord h5! afin d'empêcher 22....h5 et ensuite 23. Dé2, provoquant la perte du pion g des Noirs.

20. f4×é5 f6×é5

La percée a ouvert une colonne. Non seulement les Tours, mais toutes les autres pièces blanches peuvent en tirer profit.

21. Tf1—f3 Té8—b8
22. Té1—f1 Fd7—é8
23. h3—h4!

Le Fou blanc qui jusqu'à présent n'avait pas grand' chose à commander, va bientôt occuper un poste important à h3.

23. .... h7—h5
24. Fg2—h3 Cb6—d7
25. Fh3—é6+

Après 25....C×é6 ; 26. d×é6, Cf8 ; 27. Cd5 gagne immédiatement.

25. .... Rg8—h7
26. Fé3—g5

Maintenant, le deuxième Fou pénètre également dans la position noire grâce à la brèche.

26. .... b7—b5

Cette contre-attaque arrive trop tard pour changer le cours des opérations.

27. Fg5—é7!	b5—b4
28. Cç3—d1	Cf8×é6

Le cavalier attaqué ne peut plus être défendu. Les Noirs par leur manœuvre b7—b5—b4 ont adroitement évité que le cavalier blanc après l'échange à é6 puisse aller à d5, mais ceci ne donne qu'un soulagement momentané.

29. d5×é6	Cd7—b6
30. Fé7—f8	

Libère les cases f6 et f8 pour les Tours blanches.

30.	Tb8—b7
31. é6—é7	Rh7—g8
32. Dd2—f2	Fg7—h8

La menace était 33. F×g7, R×g7 ; 34. Tf7, etc.

33. Tf3—f7	Dç7—d7
34. Tf7—f6	Cb6—ç8
35. Cd1—é3!	Cç8×é7
36. Ff8×é7	Dd7×é7
37. Tf6—f8+	Rg8—h7
38. Cé3—d5	

Finalement, le cavalier arrive quand même à la case idéale d5 et ce coup vaut bien le sacrifice d'un pion.

38.	Dé7—é6
39. Df2—é3	

Menace 40. T×h8+, R×h8 ; 41. Dh6+, Th7 ; 42. Tf8+, Dg8 ; 43. Cf6 suivi du mat.

39.	Fh8—g7
40. Cd5—f6+	

Force les Noirs à l'échange de leur protecteur, le Fou.

40.	Fg7×f6
41. Tf8×f6	Dé6—d7
42. Cd3—é1	Dd7—d8
43. Dé3—d2!	

Si maintenant les Noirs défendent leur pion d par 43. . . . Td7, les Blancs jouent : 44. Dd5 et, après, 45. Tf8!. La suite est facile à comprendre.

43.	....	Fé8—ç6
44.	Tf6×d6	Dd8—ç7
45.	Cé1—f3	Ta8—é8
46.	Cf3—g5+	Rh7—g7
47.	Tf1—f7+	

Dans cette position, les Blancs ont déjà une partie gagnée, grâce à une percée bien préparée qui leur a donné l'occasion de profiter de leur plus grande liberté d'action.

La percée signifie souvent la fin du jeu de position et le commencement du jeu de combinaison. Une percée bien calculée fait gagner très vite en général, tandis qu'une percée effectuée au mauvais moment, retombe sur l'agresseur.

En conséquence, prenez garde que les circonstances soient favorables pour vous au moment où la bataille fait rage.

Auparavant, profitez toujours de votre plus grande liberté de mouvements pour donner à vos pièces leur maximum d'efficacité. Toutefois, pas trop d'hésitations permettant à votre adversaire de se libérer de l'étreinte et de donner à ses pièces de meilleures positions défensives.

IX. — *La supériorité du nombre de pions sur l'aile dame.*

Un facteur important et quelquefois décisif pour le résultat d'une partie est la supériorité du nombre de pions se trouvant sur l'aile dame. Pour quelle raison est-ce si important ? Est-ce un avantage ? Toujours, ou seulement sous certaines conditions ? A chacune de ces questions nous donnerons une réponse dans ce chapitre.

Pour les Blancs, la moitié gauche de l'échiquier est l'aile dame et la moitié droite, l'aile roi. Toutefois, ceci change lorsque le Roi, soit pour sa sécurité, soit pour aller à l'attaque, décide de se mettre en route.

C'est ainsi que lorsque le Roi blanc se rend vers le côté gauche de l'échiquier, ce côté devient l'aile roi et l'aile abandonnée par le Roi devient l'aile dame, même si la Dame n'est pas présente.

Diagramme 55.

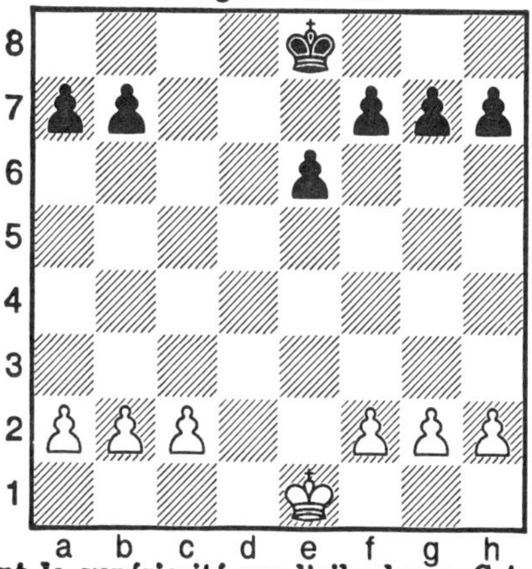

Les Blancs ont la supériorité sur l'aile dame. Cet avantage sera encore accentué si les deux joueurs choisissent le petit roque (Rois sur g1 et g8).

Diagramme 56.

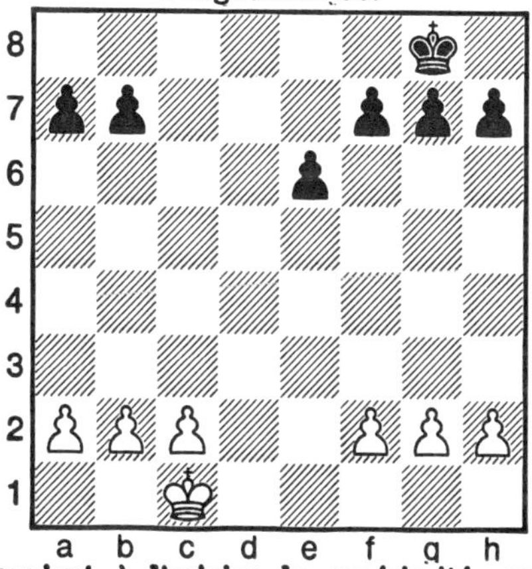

Les Blancs avaient à l'origine la supériorité sur l'aile dame. En choisissant le grand roque, ils ont transformé leur aile dame en aile roi.

Les Diagrammes 55 et 56 en font la démonstration. Dans chacun de ces deux diagrammes, nous voyons une chaîne de pions qui se présente souvent dans la pratique.

Comparez par exemple une partie SPIELMANN-PETROV, qui se déroula comme suit : 1. é4, é6 ; 2. d4, d5 ; 3. Cç3, d×é4 ; 4. C×é4, Cd7 ; 5. Cf3, Cgf6 ; 6. C×f6+, C×f6 ; 7. Fd3, ç5 ; 8. d×ç5, F×ç5 et on arrive à la chaîne de pions du diagramme 55. Quelques coups plus tard, SPIELMANN anéantissait cet avantage en roquant du côté dame : 9. Fg5, Fé7 ; 10. Dé2, O—O ; 11. O—O—O, avec le résultat donné par le diagramme 56. On peut critiquer la décision de SPIELMANN. Toutefois, une position peut offrir différentes possibilités d'attaques et le choix d'une suite paisible ou agressive est souvent une affaire de goût. Une supériorité sur l'aile dame se manifeste surtout au milieu de la partie, lorsque les échanges n'ont pas encore produit leur effet et que les Rois n'ont pas encore été jetés dans la bataille.

Lorsque matériellement les deux adversaires sont à force égale et que les chaînes de pions ne montrent aucune faiblesse éclatante (par exemple les Blancs avec des pions à g2 et h2, contre les Noirs avec des pions à f7 et f6, de sorte que les Blancs ont déjà un pion passé), une supériorité des Blancs sur une aile a nécessairement pour contre-partie une supériorité des Noirs sur l'autre aile. Toutefois, une supériorité sur l'aile dame est plus facile à exploiter qu'une supériorité sur l'aile roi. La supériorité sur l'aile roi est un « capital bloqué ». Les pions sur l'aile dame peuvent notamment avancer et produire un pion passé, tandis que la marche en avant des pions sur l'aile roi est une affaire dangereuse. Dépourvu de sa protection de pions, le Roi, au milieu de la partie, est sans défense. D'où les règles : « Ne faites jouer vos pions du roi qu'en cas de nécessité extrême » et « Souvent on gagne la partie tout en perdant une pièce et notamment lorsque ce sacrifice est compensé par un délogement du roi adverse contraint de se mettre devant ses propres pions ». C'est la raison pour laquelle une supériorité sur l'aile dame est en général un grand avantage qui finalement peut mener à la promotion d'un pion. On en trouve un exemple pratique dans la huitième partie du premier match ALEKHINE-EUWE, jouée en 1927.

Blancs : EUWE   Noirs : ALEKHINE

Début RETI.

1. Cg1—f3	d7—d5
2. ç2—ç4	d5—d4
3. b2—b4	g7—g6
4. é2—é3	a7—a5
5. b4—b5	ç7—ç5
6. é3×d4	Ff8—g7
7. d2—d3	ç5×d4

Les Blancs ont maintenant sur l'aile dame la supériorité des pions sur a2, b5 et ç4 : les Noirs ont leurs pions à a5 et b7. Deux des pions blancs sont déjà passablement avancés. La question qui se pose maintenant est la suivante : les Noirs sont-ils en mesure d'empêcher le coup ç4—ç5 ? Dans l'affirmative il y a peu de danger; dans la négative l'avance des pions adverses leur sera fatale. En compensation, les Noirs possèdent une supériorité sur l'aile roi, aile qui englobe même une partie du côté dame avec les pions à d4, é7, f7, g6 et h7 tandis que les pions blancs se trouvent à d3, f2, g2 et h2. Bien entendu, plus grand est le nombre de pions sur l'aile roi, plus grande est la valeur de cette aile. Il faut au moins deux pions pour obtenir un pion passé et deux pions de réserve pour protéger le Roi. En conséquence, il faut au moins quatre pions pour justifier une avance agressive sur l'aile.

Dans notre exemple, les Noirs ont donc des chances de contre-attaque égales. Seulement, il ne leur est malheureusement plus possible de stopper l'avance du pion ç, de sorte que les Blancs accumulent les menaces.

8.	g2—g3	Cb8—d7
9.	Cb1—d2	Cd7—ç5
10.	Cd2—b3	

Et la bataille pour la case ç5 est déclanchée. Si les Noirs protègent leur Cavalier par 10....b6, les Blancs atteignent leur premier but à l'instant même par C×ç5, b×ç5, en se créant un pion passé. Néanmoins, il ne sera pas facile d'utiliser ce pion b, puisque son avance immédiate peut facilement être contrecarrée. Dans une situation pareille il vaut mieux que les Blancs cherchent des points d'attaque dans la proximité du pion passé. En attaquant les pions a ou ç et en faisant pression sur la colonne é, les Blancs forcent les Noirs à ne pas perdre de vue le pion passé, de sorte que leurs pièces perdent bien entendu un peu de leur liberté d'action. En conséquence, l'avance des pions sera sans doute possible, une fois les pièces noires occupées ailleurs.

10.	....	Dd8—b6
11.	Cb3×ç5	Db6×ç5

L'avantage des Blancs a augmenté du fait que leur pion ç est maintenant bloqué par une pièce lourde au lieu d'une pièce légère. Cette pièce lourde (la Dame) sera obligée de partir après une attaque par un Cavalier ou un Fou, et le chemin deviendra libre pour l'avance du pion ç.

12.	Ff1—g2	Cg8—h6
13.	O—O	O—O
14.	a2—a4	

Les Blancs améliorent d'abord leur développement avant de continuer leurs opérations sur l'aile dame. Maintenant il y a menace de 15. Fa3, suivi de 16. ç5 et ceci ne peut pas être empêché par 14....b6 parce qu'en plus des différents coups du Cavalier, et de l'attaque du Fg2 sur la Tour a8, la simple variante 15. Fa3, Dç7 ; 16. Tç1, suivi de 17. ç5 donne aux Blancs le gain de la partie.

14.	Tf8—é8
15. Tf1—é1	

L'avance sur l'aile dame n'est nullement urgente, puisque les Noirs ne peuvent pas éviter l'attaque.

15.	Fç8—f5
16. Fç1—a3	Dç5—ç7
17. ç4—ç5	

Diagramme 57.

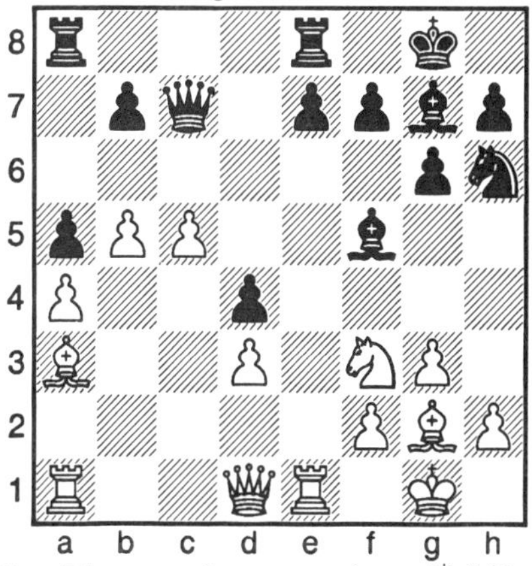

Les Blancs ont un avantage décisif : une supériorité de pions avancés sur l'aile dame.

Les Blancs sont beaucoup mieux. Leurs pions sur l'aile dame sont supérieurs en nombre et plus avancés, tandis que les Noirs ne peuvent rien entreprendre avec leurs pions sur l'aile roi.

Les pions b et ç des Blancs, en route pour la création d'un pion passé, occupent la position idéale horizontale, c'est-à-dire côte à côte, de sorte que les Blancs sont en mesure d'avancer l'un des deux tandis qu'aussi longtemps qu'ils occupaient les cases b5 et ç4, ils pouvaient être bloqués par des pièces.

17.	Ta8—d8
18. Cf3—g5	Fg7—f6
19. Cg5—é4	Ff6—g7

Les Noirs sont déjà embarrassés pour trouver un coup de valeur effective.

20. Dd1—d2

Développement avec la menace 21. b6, suivi de 22. D×a5.

20. .... Ch6—g4

Un coup purement défensif (par ex. : 20....Ta8) est sans utilité. Les Noirs offrent maintenant leur pion a dans l'espoir d'obtenir quelques chances de contre-attaque sur l'aile roi.

21. b5—b6 Dç7—ç8
22. ç5—ç6

Plus fort que le coup immédiat D×a5, après lequel les Noirs réussissent à retarder pour quelque temps la création d'un pion passé.

22. .... b7×ç6

Les Noirs sont obligés de prendre. Après 22....D×ç6, suit 23. Cd6, D×b6 ; 24. C×é8, T×é8 ; 25. Tab1 ou T×é7 et les Blancs gagnent sans peine grâce à leur supériorité matérielle.

23. Dd2×a5

A présent, on comprend la pointe 22. ç6. Les Blancs ont sur l'aile dame deux pions passés liés, qui gagnent rapidement.

23. .... Cg4—é5
24. Da5—d2 Dç8—a6
25. a4—a5 Cé5×d3
26. Cé4—ç5 Cd3×ç5
27. Fa3×ç5 Da6—b5
28. Fç5×é7 Td8—ç8
29. Fg2—f1

Sur 29....d3, les Blancs pourraient continuer par 30. Tab1 et 31. b7.

29. .... Db5—b3
30. Ta1—a3 Db3—d5
31. b6—b7 Tç8—b8
32. a5—a6

et les Blancs gagnent, à cause de la menace décisive a6—a7.

Par cet exemple, nous avons pu constater que la supériorité sur l'aile dame constitue le poids qui fait pencher la balance. Nous terminerons ce chapitre par quelques exemples typiques, que nous rencontrons souvent dans la pratique.

Diagramme 58.

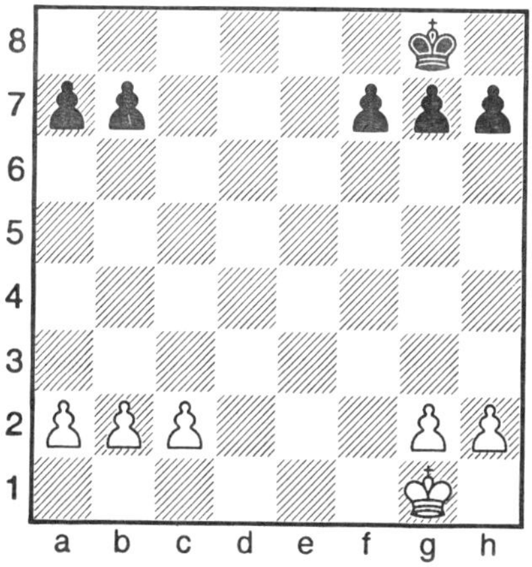

Dans des positions similaires, les Blancs sont mieux au milieu de la partie, car il est trop risqué pour les Noirs d'avancer plus d'un de leurs pions sur l'aile roi.

Comme nous l'avons exposé, avec trois pions contre deux, les Noirs ont peu de chance de se créer un pion passé au milieu de la partie. Ils ont besoin de deux pions pour la protection de leur roi ; seul le pion f peut être avancé. Bien entendu, les Noirs ont quelques chances de contre-attaques, mais elles sont d'une autre qualité que celles des Blancs. Étant donné que le roi blanc n'a que deux gardiens, les Noirs possèdent en avançant le pion f et après l'échange contre le pion g des Blancs, quelques possibilités de contre-attaque contre le roi blanc, mais il ne sera pas facile d'atteindre ce but.

Le diagramme 59 montre clairement comment on doit tirer profit d'une supériorité sur l'aile roi (des

Diagramme 59.

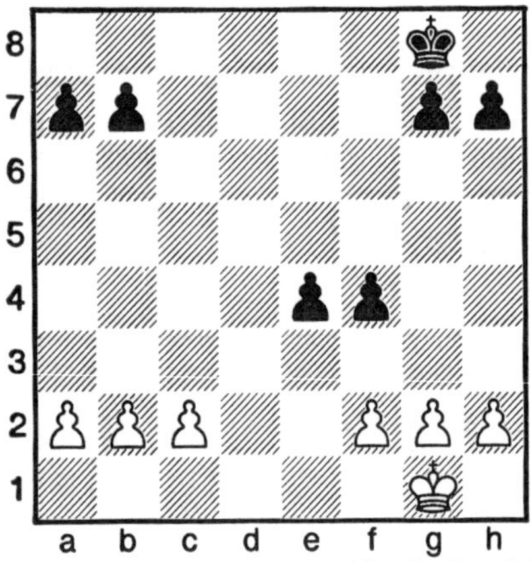

Ce diagramme montre la position que les Noirs doivent chercher à obtenir pour exploiter leur supériorité sur l'aile roi.

Noirs). Cette position pourrait découler des positions des diagrammes 55 et 56, mais seulement si les Blancs ont joué faiblement. Dans le cas où les Noirs peuvent atteindre au milieu de la partie une telle position, ils

Diagramme 60.

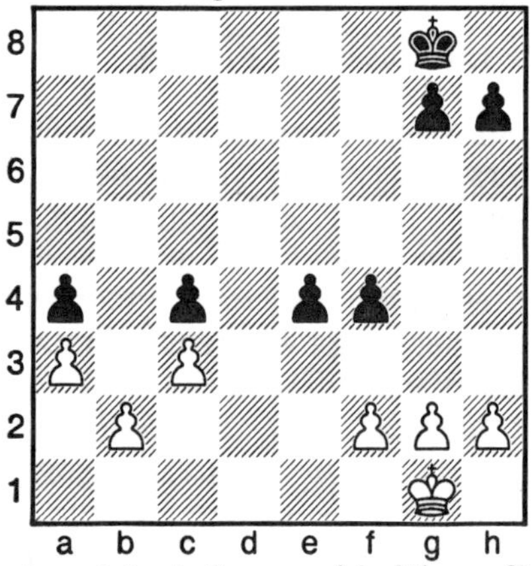

Les Blancs ont mal joué, leur supériorité sur l'aile dame est sans valeur à cause de leur pion b arriéré, tandis que les pions noirs ont conservé leur liberté de mouvements.

auront des chances excellentes de forcer une attaque décisive.

Le diagramme 61 nous montre une position favorable

Diagramme 61.

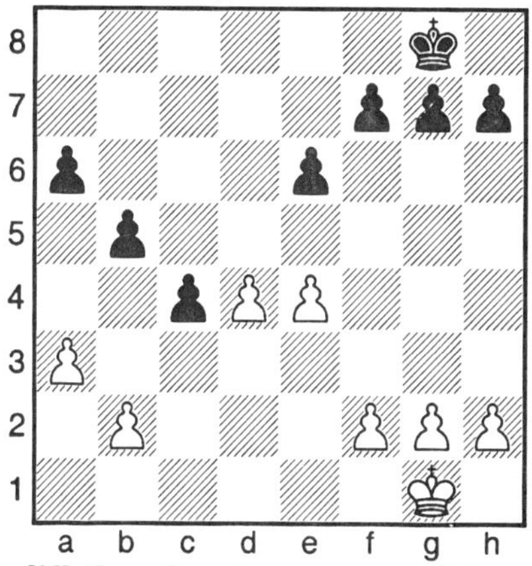

Une position difficile qui se trouve souvent dans le gambit de la Dame. Les Blancs ont une supériorité sur l'aile roi (qui déborde légèrement sur le centre) ; les Noirs ont la supériorité sur l'aile dame, mais la position des Blancs est meilleure.

aux Blancs parce qu'ils peuvent jeter leur avantage dans la bagarre sans compromettre leur propre force sur l'aile roi. La devise des Blancs doit être : Attaque directe sur le Roi adverse ; la devise des Noirs : Obtenir un pion passé.

X. — *Le Fou de la Dame dans le gambit du même nom.*

Nous avons l'habitude de faire une distinction entre débuts ouverts, semi-ouverts, ou fermés. Les parties ouvertes commencent par 1. é2—é4, é7—é5. Les parties semi-ouvertes se forment lorsque les Noirs répondent au coup 1. é2—é4 des Blancs par un coup autre que 1. . . . é7—é5. Une partie fermée est créée lorsque les Blancs commencent par un coup autre que 1. é2—é4. Le début fermé le plus important est le gambit de la

Dame avec ses diverses ramifications. 1. d2—d4, d7—d5. Dans les parties des Maîtres, cette ouverture est actuellement très en vogue et nous distinguons dans la pratique deux systèmes bien différents, à savoir :

1° Le gambit de la Dame où les Blancs jouent le coup ç2-ç4 (soit tout de suite, soit plus tard).

2° La partie du pion de la Dame, où les Blancs renoncent au coup ç2—ç4.

(Ce jeu du pion de la Dame se forme même lorsque les Noirs ne répondent pas tout de suite par d7—d5).

Néanmoins, ne perdons pas trop de temps à chercher une bonne nomenclature des débuts mais essayons de vous expliquer au mieux la signification du début fermé.

Dans un début fermé, on ne peut pas développer les pièces aussi facilement que dans un début ouvert. Par exemple, après 1. é2—é4, é7—é5, nous sommes en mesure d'ouvrir des lignes ou diagonales pour nos deux fous en jouant simplement d2—d4 ; même dans la partie écossaise (1. é2—é4, é7—é5 ; 2. Cg1—f3, Cb8—ç6 ; 3. d2—d4), nos fous seront vite mobilisés, et pour finir, nous connaissons un certain nombre de débuts, dans lesquels les Blancs développent d'abord leur Fou roi à ç4 ou b5, (après le coup 1. é2—é4) et ensuite leur Fou dame (après le coup tranquille d2—d3).

Par contre, les Noirs ont rarement l'occasion de jouer en toute sécurité é7—é5 et d7—d5 ensuite. Habituellement, il faut qu'ils se contentent de ....é7—é5 et ....d7—d6 ensuite pour pouvoir développer leurs deux Fous.

Un trait bien caractéristique d'une partie ouverte est l'ouverture rapide des colonnes, en particulier la colonne é, qui sera bientôt occupée par des Tours après la roquade de l'un des adversaires. (Voyez chapitre IV).

Cette mobilisation accélérée des forces adverses est impossible dans le gambit de la Dame, à cause du fait qu'après 1. d2—d4, d7—d5, aucun des adversaires ne peut jouer sans danger le coup é2—é4 ou é7—é5.

En général, les deux adversaires joueront momentanément é2—é3 et é7—é6, ce qui provoque pendant quelques moments le blocage des lignes centrales par les pions.

Le meilleur exemple est la forme classique ou orthodoxe du gambit de la Dame. (Voyez diagramme 62).

Diagramme 62.

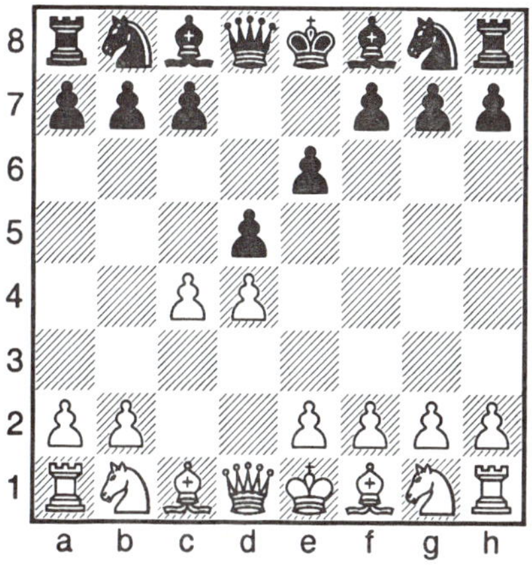

Les Blancs, après 1. d2—d4, d7—d5, ont continué par 2. ç2—ç4, avec l'espoir d'enlever aux Noirs leur pion central par 3. ç4×d5. Les Noirs ont choisi la réponse la plus correcte, c'est-à-dire 2. . . . é7—é6, protégeant ainsi leur pion attaqué par un autre pion. Une autre réponse correcte serait 2. . . . ç7—ç6, suivi de . . . . Ff5, ... é7—é6 et le développement du Fou du Roi est assuré également.

Cette dernière défense (2. . . . ç7—ç6) est nommée communément la défense slave ; elle est comme nous disions correcte, mais conduit les Noirs à des problèmes autrement difficiles que la défense classique é7—é6.

Pour le moment, nous ne voulons qu'indiquer les dangers que les Noirs doivent affronter ; par exemple :

1. d2—d4	d7—d5
2. ç2—ç4	ç7—ç6

3. Cb1—ç3	Fç8—f5?
4. ç4×d5	ç6×d5
5. Dd1—b3	

et les Blancs gagnent un pion important.

Diagramme 63.

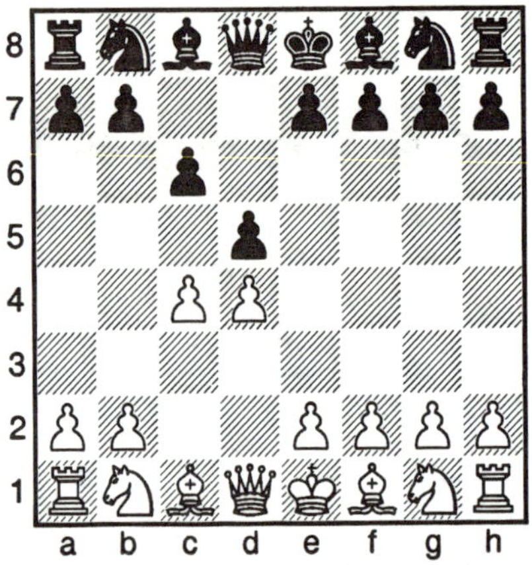

Nous remarquons donc que les Noirs ne peuvent pas jouer leur Fou dame trop vite, ni jouer ç7—ç6, sans une grande prudence. 3....Cg8—f6. 4. Cg1—f3, Fç8—f5? est également mauvais. Il est nécessaire de jouer d'abord 4....d5×ç4, permettant le développement du Fou de la Dame après, bien que les Blancs, une fois le pion ç4 reconquis, aient une supériorité de pions au centre.

A présent, nous devons consacrer notre attention au diagramme 62, étant donné que nous voulons examiner le problème du Fou de la Dame et de son meilleur développement. Comment le développer sur une bonne diagonale ? Et laquelle ? Deux diagonales sont à envisager, ç8—h3 et a8—h1. Deux obstacles différents sont à éliminer pour les Noirs : d'abord leurs propres pions, puis les pions des Blancs, qui, tout comme les premiers, peuvent obstruer la route.

Il est de la plus haute importance de ne pas laisser

interrompre son rayon par des pions bloqués, par exemple, un Fou noir à b7 et un pion noir à d5 ou un pion ennemi à é4. Si le Fou exerce à travers la zone centrale une pression directe sur les lignes adverses, il remplit sa tâche à 100 %. Encore meilleure serait une pression complète allant de a8 à h1, mais cela serait trop beau.

Pour ouvrir la diagonale allant de ç8 à h3, il est nécessaire de jouer ç7—ç5, ou d'engager les Blancs à jouer ç4×d5 (en répondant par é6×d5). Afin d'ouvrir la diagonale a8—h1, il faut avancer ou échanger b7 et d5. Au surplus, dans le dernier cas, il serait absolument nécessaire d'échanger un des pions blancs du centre (par exemple après ....d5×ç4, ...b7—b6 et .... Fç8—b7) parce qu'autrement les Blancs obtiendraient une trop grande influence au centre.

Autrement dit, dans ce cas, les Blancs pourraient avancer leur pion à é4, dominant ainsi toutes les cases centrales tout en neutralisant l'action du Fou noir.

En conséquence, la tâche des Noirs ne sera pas facile et le développement de leur Fou dame sera retardé jusqu'au complet développement des autres pièces.

Le gambit de la Dame se joue généralement comme suit :

1. d2—d4	d7—d5
2. ç2—ç4	é7—é6
3. Cb1—ç3	Cg8—f6
4. Fç1—g5	

L'avantage des Blancs est net, puisque leur Fou dame ne reste pas enfermé et peut jouer.

4.	Ff8—é7
5. é2—é3	O—O
6. Cg1—f3	Cb8—d7

6....Cb8—ç6 permettrait aux Blancs de continuer l'exécution de leur plan. Nous avons vu que le développement du Fou noir demande plusieurs coups de pions et que le pion ç7 a une tâche importante à remplir, qui ne doit pas être entravée par le coup malheureux 6....Cb8—ç6.

7. Ta1—ç1

Ce coup est dirigé contre ç7—ç5, parce que l'avance de ce pion constituerait une bonne préparation pour le développement du Fou noir, ce que les Blancs veulent empêcher. Les Noirs sont au surplus obligés de contrecarrer la formation d'une chaîne de pions chez leur adversaire, chaîne qui tendrait bien entendu à assurer la supériorité au centre. Par le coup ....ç7—ç5, les Noirs arriveraient à une position symétrique au centre et pourraient continuer par b7—b6 et Fç8—b7, en toute tranquillité. Leur unique souci serait de veiller à pouvoir (après le coup des Blancs ç4×d5) reprendre avec un Cavalier et non pas avec un pion qui, installé sur la case d5, obstruerait tout bonnement la diagonale a8—h1.

Après le coup du texte, les Noirs ne peuvent pas jouer ç7—ç5 puisque les Blancs feront aussitôt un échange à ç5 et d5, après quoi, leur Tour deviendrait extrêmement active. En outre les Noirs risqueraient d'être embarrassés d'un pion doublé.

7. .... ç7—ç6

Ce coup semble paradoxal, mais est en vérité d'une grande efficacité. Les Noirs font tout ce qu'ils peuvent pour forcer leur coup é6—é5.

8. Ff1—d3 d5×ç4

Ici commence la libération du Fou noir. Maintenant, les Noirs ne doivent plus perdre un seul temps. Ils ont abandonné leur poste à l'avant centre (pion d5) et s'efforceront d'annuler l'avantage des Blancs au centre en échangeant des pions centraux des Blancs et en développant sans retard leur Fou-dame. Autrement, ils seraient encore plus mal en point.

9. Fd3×ç4 Cf6—d5
10. Fg5×é7 Dd8×é7

Ici, nous voyons la raison pour laquelle 7....ç7—ç6 était nécessaire et permettait d'éviter la reprise par 10....Cd5×é7, ce dernier coup aurait fait perdre en même temps une influence territoriale.

11. O—O	Cd5×ç3
12. Tç1×ç3	é6—é5

Diagramme 64.

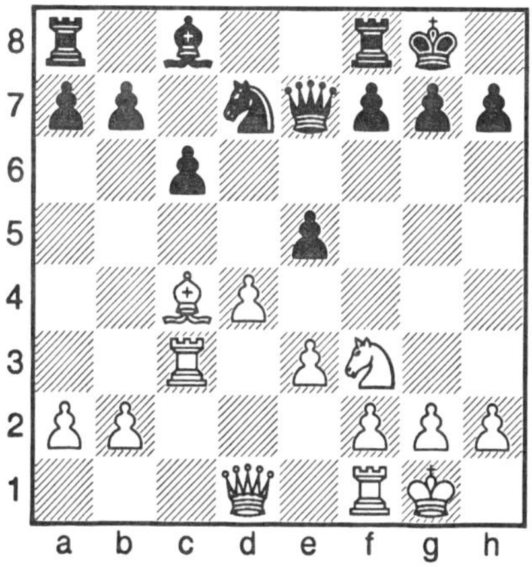

Ce coup libère le Fou enfermé ; aucun pion n'est resté sur la diagonale ç8—h3. Bien entendu, ni le Fou, ni le Cavalier ne peuvent entrer en action d'une façon immédiate, mais ceci n'a pas d'importance. Après la réponse de leur adversaire, les Noirs pourraient jouer é5×d4 ou é5—é4, donnant ainsi une place libre à f6 pour leur Cavalier et une place à f5 ou g4 pour leur Fou.

13. d4×é5	Cd7×é5
14. Cf3×é5	Dé7×é5
15. f2—f4	Dé5—f6
16. f4—f5	

Les Blancs font une dernière tentative violente d'empêcher la libération du Fou noir, mais cette réussite appartiendrait au royaume des combinaisons.

La suite habituelle est maintenant :

16.	b7—b5
17. Fç4—b3	b5—b4
18. Tç3—ç2	Fç8—a6

et les Blancs ont manqué leur but.

Examinons une autre variante où les Noirs développent leur Fou à b7.

1. d2—d4	d7—d5
2. ç2—ç4	é7—é6
3. Cb1—ç3	Cg8—f6
4. Fç1—g5	Ff8—é7
5. é2—é3	O—O
6. Cg1—f3	Cb8—d7
7. Ta1—ç1	ç7—ç6
8. Ff1—d3	d5×ç4
9. Fd3×ç4	

Jusqu'ici, les mêmes coups que l'exemple précédent.

9.	b7—b5
10. Fç4—d3	a7—a6

Les Noirs continuent maintenant par ....ç6—ç5 et ....Fç8—b7 par exemple :

11. O—O	ç6—ç5
12. Dd1—é2	Fç8—b7

(Diagramme 65), et le problème du Fou noir est résolu.

Nous avons constaté que la précédente manœuvre libératrice était liée à la prise du pion ç des Blancs. Ceci est très important. Si les Noirs oubliaient ce coup, les Blancs pourraient déranger tout leur plan en jouant ç4×d5, d'où découleraient des positions telles que celles des diagrammes 66 et 67.

Le diagramme 66 montre bien entendu le Fou de la Dame à b7, mais sans être développé, parce que les Noirs ont omis de prendre le pion ç au moment propice. En faisant l'échange à d5, les Blancs ont réussi à enfermer le Fou noir sans espoir. Bien entendu, il pourrait reculer et reprendre sa place du départ (par ....b7—b6, ...Fç8—b7 et Fb7—ç8) perdant ainsi

Diagramme 65.

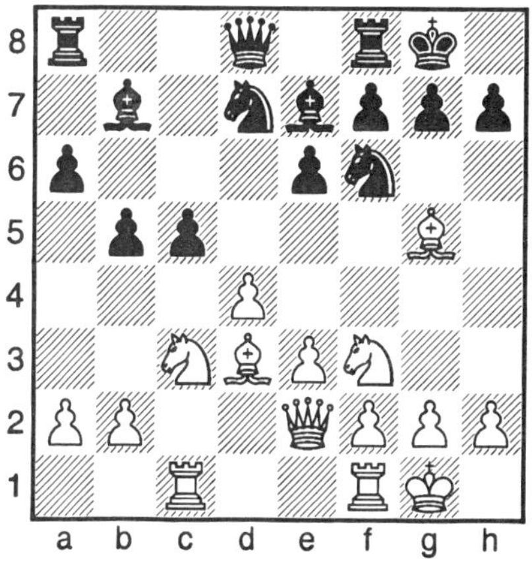

trois temps, cependant que l'avance du pion b a enlevé au pion ç sa protection et l'a rendu vulnérable aux attaques surtout lorsque le Fou retourne à ç8. La situa-

Diagramme 66.

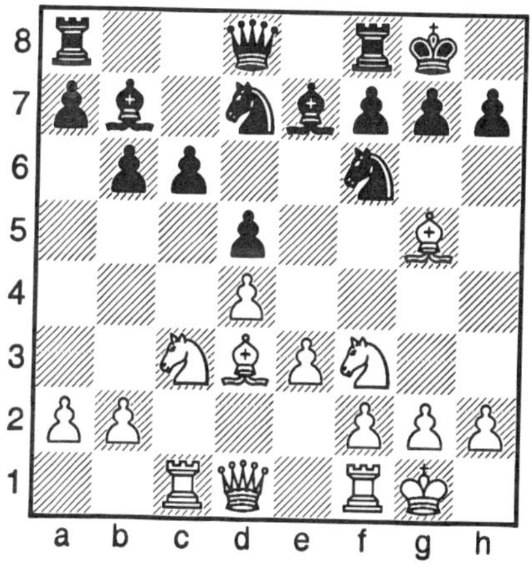

tion sans être désespérée, est pleine de difficultés pour les Noirs.

Des positions telles que le diagramme 67 ne sont pas non plus satisfaisantes pour le Fou de la Dame. Ces positions sont créées lorsque les Noirs ont omis de jouer d5×ç4 ou lorsqu'ils ont joué ç7—ç5 ou é6—é5 trop tôt. Les Blancs sont souvent en mesure de procurer aux Noirs un pion isolé à d5 et ç5 (ou é5), de sorte que ces derniers auront beaucoup de difficultés pour obtenir la nullité.

Diagramme 67.

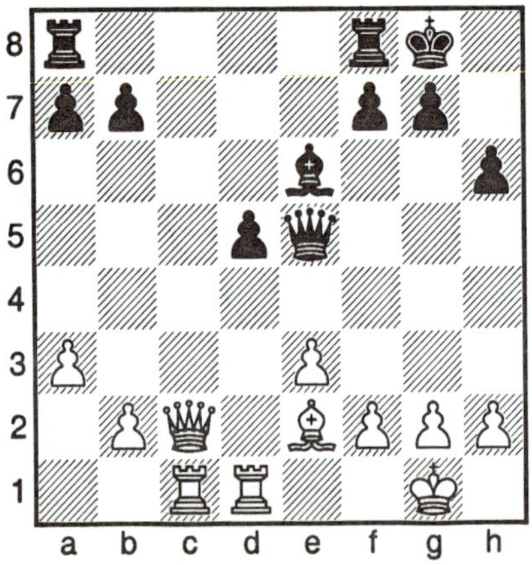

Les Noirs sont obligés de jouer lentement et avec réflexion, mais parmi tous les débuts fermés, ce n'est que dans le gambit de la Dame que les Noirs trouvent tant de difficultés pour le développement de leur fou. (Tout cela à cause du coup 2. ç2—ç4 des Blancs).

Vous comprenez maintenant pourquoi nous avons extrait notre exemple de ce début et nous espérons que même les joueurs débutants seront en mesure d'apprécier les raisons profondes d'une défense classique, permettant d'éviter les fautes élémentaires que nous voyons si fréquemment.

DEUXIÈME PARTIE

RÉSUMÉ

Dans la partie théorique, nous avons parlé de plusieurs caractéristiques de la position et de différentes sortes de combinaisons. Nous avons vu également, comme nous l'avons fait remarquer dans l'introduction, que la formation des chaînes de pions joue un rôle essentiel dans toutes les questions.

C'est d'ailleurs la raison pour laquelle nous allons donner un résumé sous la forme de questions, sur certaines formations de chaînes.

Le jeu de position est et sera toujours basé sur la formation des chaînes de pions, la force ou la faiblesse du centre, la situation plus ou moins vulnérable du Roi, l'ouverture des colonnes pour les Tours, la bonne ou mauvaise position d'un Fou. Toutes ces questions dédépendent de la position des pions.

Voici vingt exercices dont la réponse correcte dépend d'un jugement juste de la position des pions.

Nous donnons les réponses plus loin pour faciliter au lecteur sa recherche en toute tranquillité.

Notez bien que ces exercices n'épuisent pas les sujets dont il était question dans les chapitres précédents. Le reste sera résumé lors de l'analyse des parties de maîtres, voir la 3e Partie.

QUESTIONS.

1. Les Blancs possèdent un centre idéal. En effet, leurs pions se trouvent côte à côte. Les pions noirs centraux n'ont pas encore avancé.

Diagramme 1.

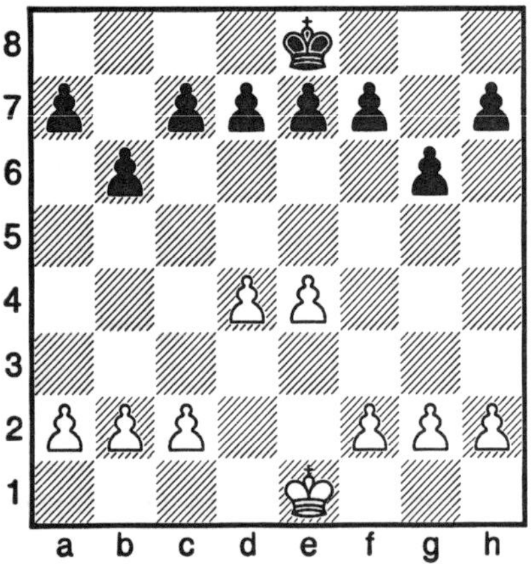

Question : Dans quelles phases de la partie (début, milieu ou finale) cette position est-elle avantageuse pour les Blancs ?

2. Les Blancs exercent un peu plus de pression sur le centre et sont un peu mieux.

Diagramme 2.

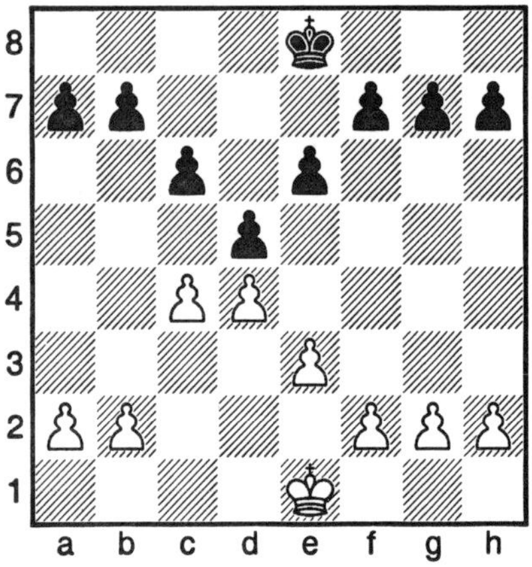

Questions : Qu'est-ce exactement que le centre ? Pourquoi les Blancs ont-ils plus d'influence au centre ? Quel résultat cette influence peut-elle avoir ? Dans quelles phases de la partie peut-elle donner un avantage ?

3. Les Blancs commandent le « Double carré »; comme nous le savons ceci comporte des risques.

Diagramme 3.

Questions : Pourquoi la position des Blancs est-elle pleine de risques et à quelle phase du jeu ?

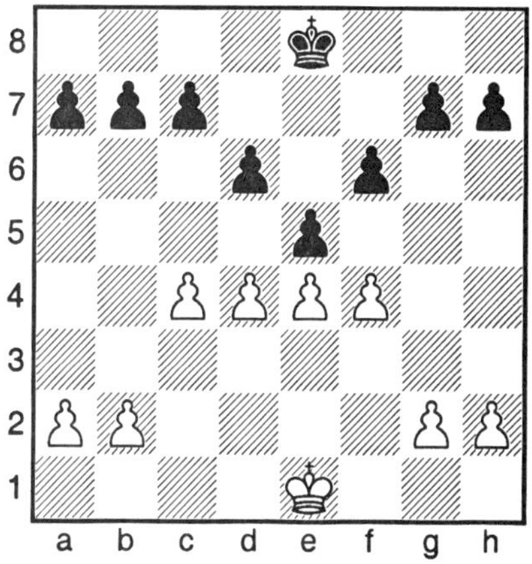

4. Un pion qui a dépassé le centre (pion d5) met les deux joueurs devant des problèmes embarrassants.

Diagramme 4.

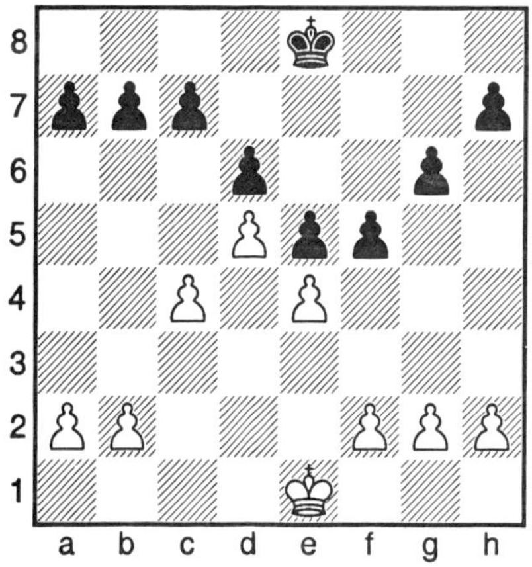

Question : Quels sont les avantages et les désavantages de cette formation et quand ces qualités se révèlent-elles le mieux ?

5. Un pion Blanc à é5 forme un poste facilement attaquable pour les Noirs.

Diagramme 5.

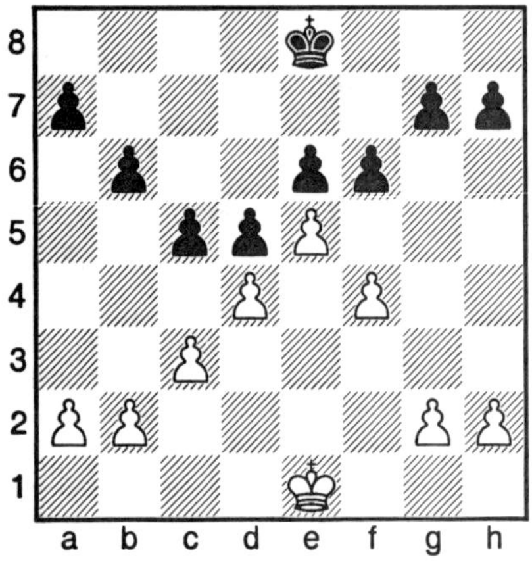

Questions : Quels sont les points forts et quels sont les points faibles d'une chaîne de pions : ç3, d4, é5, f4? A quel moment ceci se voit-il le mieux ?

6. La percée à ç5. Le but des Blancs dans la position N° 4.

Diagramme 6.

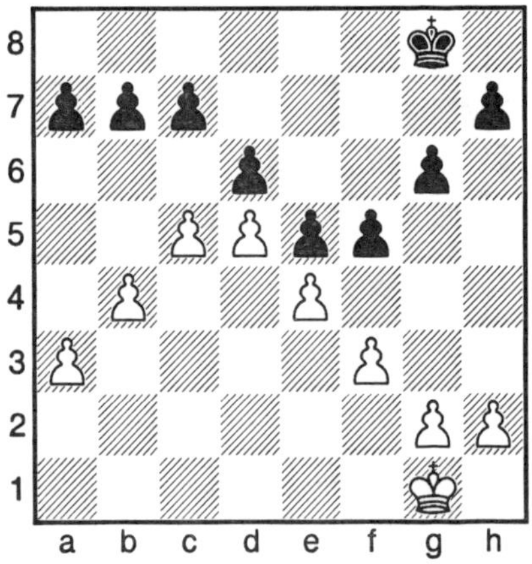

Question : Quand et pourquoi cette percée a-t-elle le plus grand effet ?

7. Le pion doublé mais normal à cause de la reprise vers le centre.

Diagramme 7.

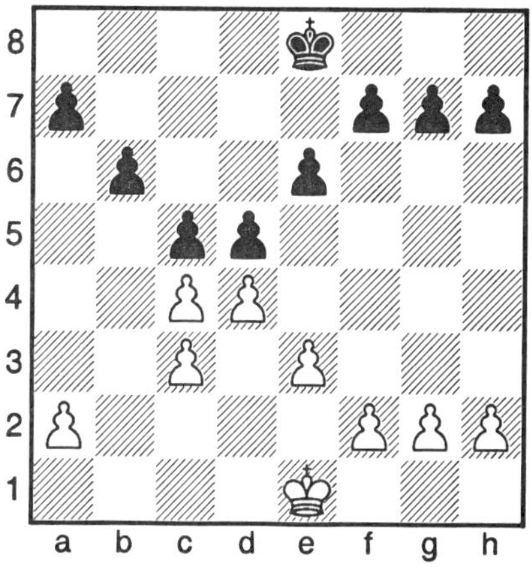

Question : Ce pion doublé est-il mauvais ? Si oui, quand et pour quelle raison ?

8. Un pion doublé qui ne peut pas être dédoublé ; une position à deux tranchants.

Diagramme 8.

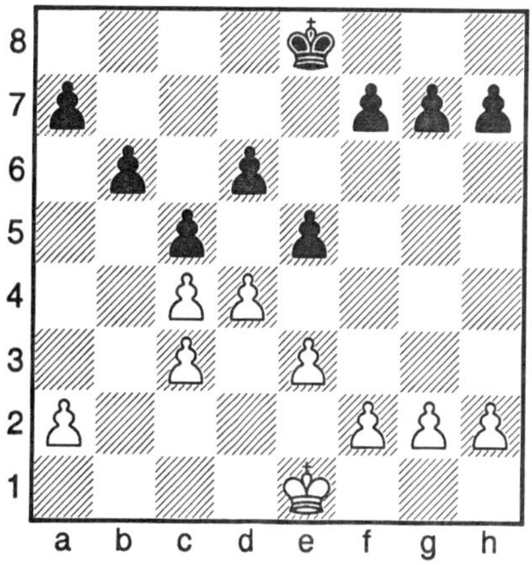

Question : Quelle est la signification de « dédoublé » ? A quel moment cette position est-elle franchement mauvaise ?

9. Un pion doublé « anormal » à cause de la reprise vers l'aile, donc un point faible en général.

Diagramme 9.

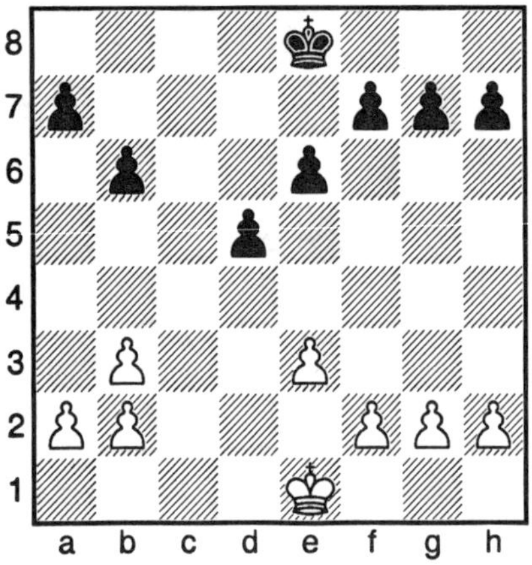

Question : Le pion doublé est-il mauvais ici ? Si oui, dans quelle phase de la partie ?

10. Un pion doublé et isolé, qui ne peut pas être dédoublé est mauvais.

Diagramme 10.

Questions : Si vous avez les Noirs et qu'il se trouve encore quelques pièces sur l'échiquier, comment ferez-vous pour conserver votre avantage ?

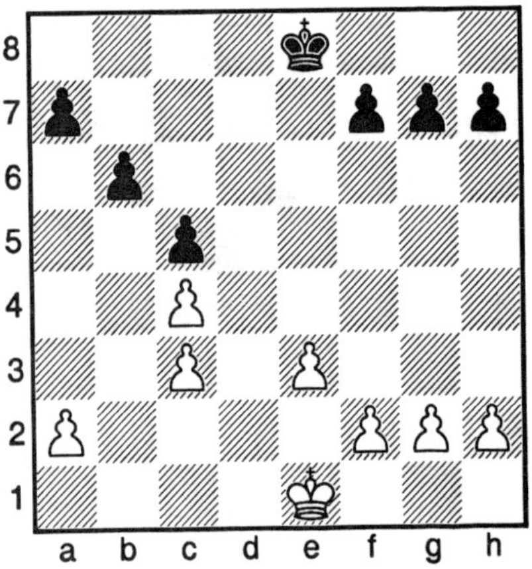

11. **Un pion doublé et isolé se trouvant sur une colonne ouverte est très mauvais.**

Diagramme 11.

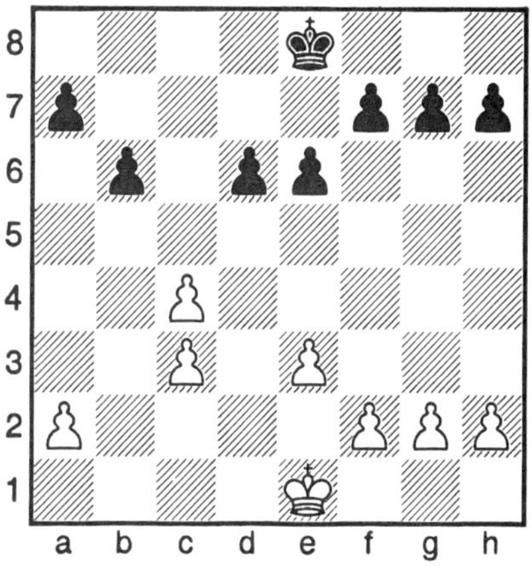

Question : Supposez qu'aucune pièce n'a été échangée et que la partie a atteint la position ci-dessus. Comment les Blancs doivent-ils jouer pour réduire leur désavantage ?

Attaque directe sur l'aile roi !!

12. **Un pion isolé est généralement une faiblesse.**

Diagramme 12.

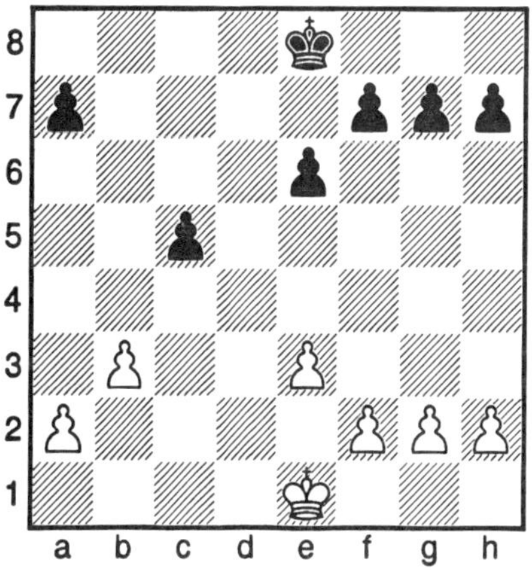

Question : A quel moment cette faiblesse se montre-t-elle le plus ?

13. Un pion « pseudo-isolé » tel que le pion d blanc est une faiblesse.

Diagramme 13.

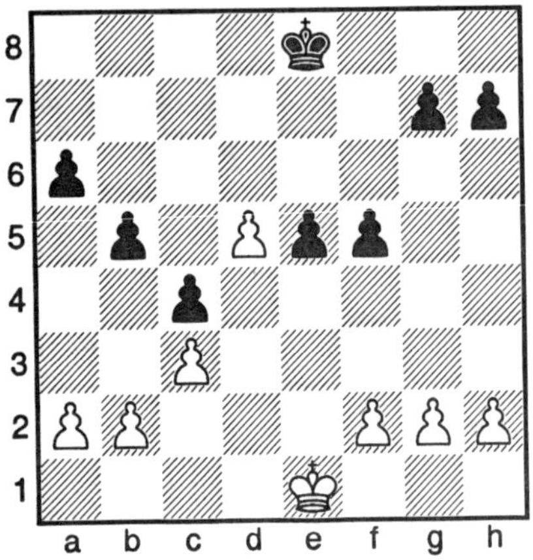

Question : Qu'entendons-nous par « pseudo-isolé » ?

14. Des pions « en suspens » (ç5 et d5) sont souvent mauvais.

Diagramme 14.

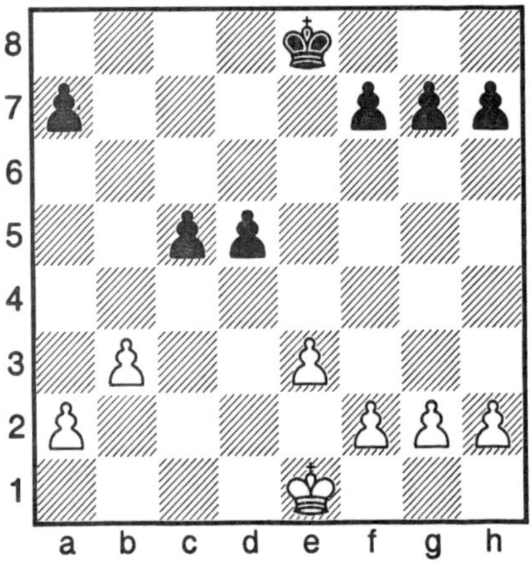

Question : Jugez la position ci-dessus. Lorsque toutes les pièces se trouvent encore sur l'échiquier, comment les deux joueurs doivent-ils diriger leurs efforts et sur quel point précis ?

15. Un pion arriéré (ç6) signifie une faiblesse.

Diagramme 15.

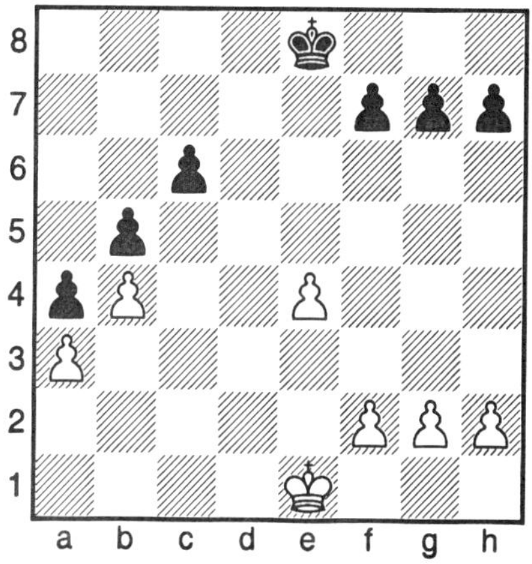

Question : Examinez les chances respectives dans la position ci-dessus. Comment cette position pourrait-elle changer si quelques pièces se trouvaient encore sur l'échiquier ?

16. En général, il est mauvais d'affaiblir son aile roi.

Diagramme 16.

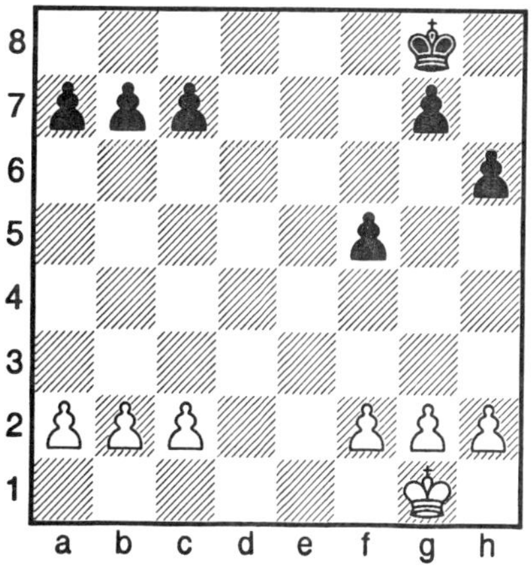

Question : Supposez à nouveau que plusieurs pièces sont restées en jeu. Que pensez-vous de la position du roi noir ?

17. Faiblesse asymétrique sur les deux ailes roi, ce qui peut donner lieu à un jeu virulent et décousu.

Diagramme 17.

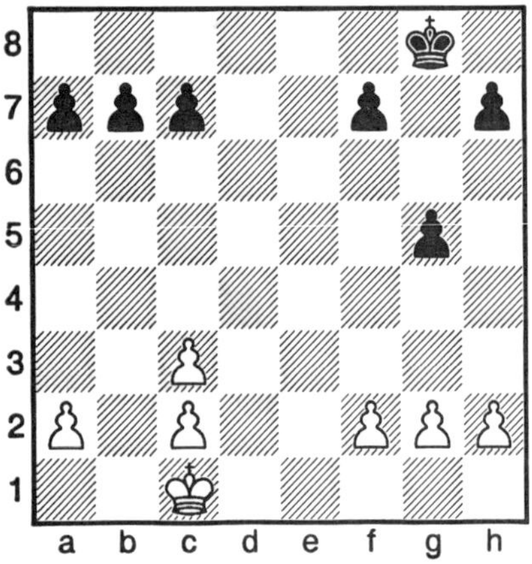

Question : Laquelle des deux positions est la plus mauvaise en ce qui concerne la phase de milieu de la partie ?

18. Dans les deux camps, nous voyons des pions passés : Le plus rapide l'emportera.

Diagramme 18.

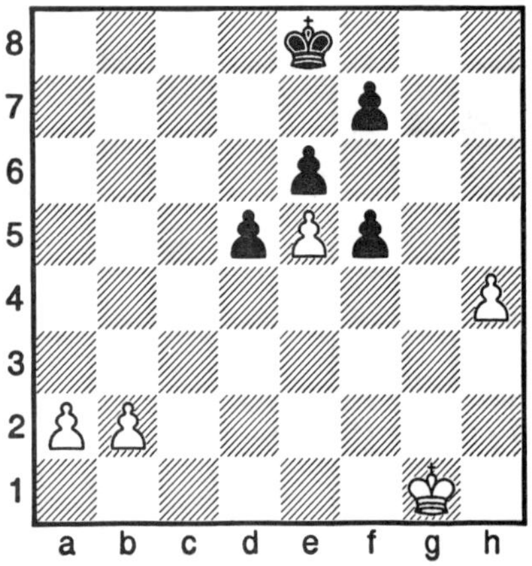

Question : Quelles sortes de pions passés sont ici en présence ? Qui est mieux ?

19. Comment saper une chaîne de pions ; les Blancs gagnent.

Diagramme 19.

Question : Quel était le dernier coup des Blancs ? Quelle a été la faute décisive des Noirs ?

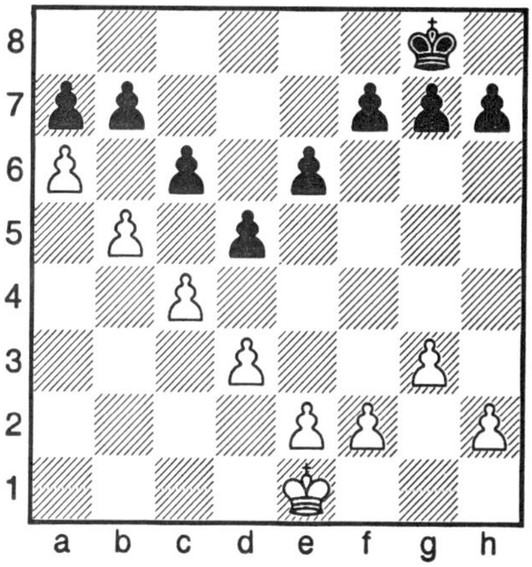

20. Des pions bloqués qui entravent la liberté d'action des Fous.

Diagramme 20.

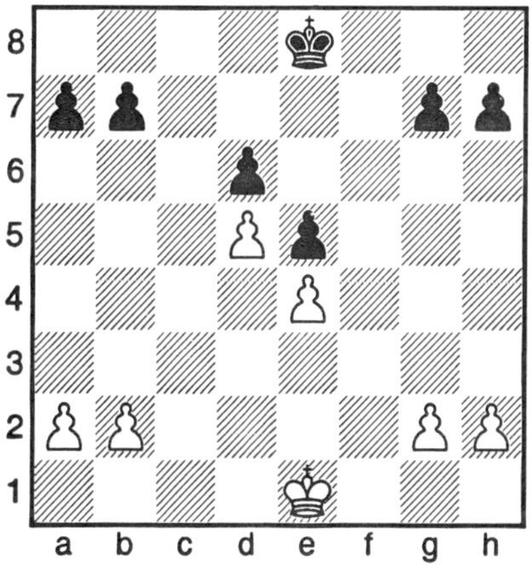

Question : Placez un Fou blanc soit à d2 ou à é2 et un Fou noir, soit à d7 ou é7 de façon que :

1. Les Blancs soient mieux.
2. Les Noirs soient mieux.
3. Les forces soient égales.

Remarquez que l'accent est mis sur la conception qu'une position de pions forme un cadre à l'intérieur duquel les pièces doivent pouvoir manœuvrer. On doit donc examiner la position : *a*) lorsqu'il y a présence de pièces. *b*) lorsqu'il y a présence de pions seulement.

Les réponses aux questions posées ci-dessus formeront un guide précieux pour des problèmes que nous devons fréquemment résoudre dans la pratique, tels que : « Quand dois-je faire l'échange ? Comment dois-je le faire ? Jusqu'où dois-je continuer les échanges ? » En outre, ces réponses nous éclairent au sujet de nombreux autres problèmes d'une nature stratégique.

Réponses

Diagramme 1. — Dans le début et la phase du milieu, l'avantage des Blancs est très marqué. Dans la finale, l'avantage est de peu d'importance.

Diagramme 2. — Les quatre cases é4, d4, é5, et d5 forment le centre. Les Blancs exercent plus d'influence au centre parce que les pions ç des deux adversaires contrôlent la case d5 qui se trouve dans le territoire des Noirs. En d'autres termes : les Blancs font pression sur 3 des 4 cases centrales (à savoir d4, d5 et é5) ; par contre, les Noirs font pression sur deux cases seulement (d5 et é4). Ceci donne l'initiative aux Blancs. Ils pourraient, par exemple, jouer à un certain moment ç4 × d5 sans affaiblir leur propre centre. Par contre, si les Noirs jouaient d5×ç4, le seul pion central qu'ils possèdent disparaîtrait. L'avantage des Blancs est important au début et au milieu de la partie ; dans la finale, il a peu d'importance.

Diagramme 3. — L'occupation du centre par 4 pions apporte des risques parce qu'il a fallu quatre temps pour y arriver. De ces quatre temps, les Blancs auraient pu en utiliser sans doute un ou deux pour développer leurs pièces. En outre, les vrais pions centraux (d4 et é4) ne peuvent plus être défendus par f3 ou ç3. Les risques sont plus grands au début et au milieu de la partie, parce que les Noirs ont sans doute obtenu une avance de développement. Si les Blancs peuvent redresser la situation, ils auront souvent de meilleures chances.

Diagramme 4. — L'avance d4—d5 donne davantage de terrain aux Blancs. Leur désavantage est qu'il leur faudra plus de temps pour ouvrir une colonne pour leurs Tours, parce que la percée naturelle ç4—ç5 exige une préparation minutieuse. Par contre, les Noirs sont en mesure d'ouvrir une colonne par f7—f5. Néanmoins, ce coup ne peut être joué avant que les Noirs aient complètement terminé leur développement. Dans la pratique, on voit souvent les Noirs jouer f7—f5 avant que leurs pièces sur l'aile dame soient développées. Ceci donne alors aux Blancs l'occasion de jouer f2—f4, leur procurant ainsi un avantage important étant donné qu'une avance de développement signifie toujours un facteur favorable.

Dans la phase du milieu, les Blancs ont de meilleures chances.

Diagramme 5. — Cette formation est plutôt douteuse qu'efficace. Les Blancs couvrent davantage de terrain, mais leurs pions très avancés demandent une surveillance continue parce qu'ils sont plus vulnérables que les pions d et é des Noirs. Pour la même raison, les Noirs peuvent rapidement ouvrir des colonnes par l'échange ç5×d4 et f6×é5, obtenant ainsi de bonnes chances d'attaque. Les désavantages de cette formation sont plus sensibles au début et au milieu de la partie. La position des Blancs comporte plus de risques que celle du diagramme précédent.

Diagramme 6. — Dans la phase du milieu. La percée ouvre la colonne ç. Pour s'en servir, il faut que les Blancs amènent leurs pièces lourdes, tours et dame.

Diagramme 7. — En général, un tel pion doublé n'est pas un désavantage. Il peut se faire que les Noirs, après le coup ç4 × d5 des Blancs créent une supériorité de pions sur l'aile dame, ce qui peut être dangereux au milieu de la partie, mais beaucoup moins au début.

En cas de doute, évitez plutôt dans votre jeu la formation de pions doublés.

Diagramme 8. — Le seul moyen de dédoubler ses pions, comme ici les pions ç3 et ç4, est l'échange d'un de ces pions. Dans le cas qui nous occupe, les Blancs ne pourront jamais arriver tous seuls à l'échange voulu quoique possédant une plus grande influence au centre. Un jeu énergique pourrait seul compenser la faiblesse de leur chaîne de pions.

Diagramme 9. — Le désavantage des Blancs est très visible ici. Leur supériorité sur l'aile dame ne leur donnera jamais un pion passé, tandis que les Noirs n'auront pas de difficulté à en obtenir un sur l'aile roi. Au fur et à mesure que les pièces sont échangées, l'avantage des Noirs devient plus net. Lorsque toutes les pièces seront échangées et que seuls les Rois resteront avec leurs pions, les Noirs auront partie gagnée.

Diagramme 10. — Les Noirs doivent s'efforcer de conserver les pièces capables d'attaquer les pions doublés des Blancs avec le plus de succès, ici notamment les Cavaliers et la Dame. Les Fous également, mais alors plutôt le Fou blanc qui contrôle les cases blanches et qui peut attaquer le pion blanc ç4, qui est le plus vulnérable. Les Tours sont moins indiquées pour attaquer ces pions, de sorte qu'une finale avec des deux côtés Tours et pions, restera difficile à gagner pour les Noirs, tandis qu'une finale opposant les Rois et les pions seulement conduira sans doute à une partie nulle.

Diagramme 11. — Les Blancs sont obligés d'avancer leur pion a, jusqu'à la case a5, afin de procurer aux Noirs une faiblesse identique sous la forme d'un pion isolé à a7 ou b6, selon que les Noirs font l'échange eux-mêmes ou que les Blancs échangent sur b6.

D'autres plans pour les Blancs seraient :

a) Pression continuelle sur le pion d des Noirs.

b) Attaque directe sur l'aile roi.

c) S'efforcer d'arriver à la finale avec des Fous de couleurs opposées ou une finale de Cavaliers.

Diagramme 12. — Dans la phase du milieu et dans ces finales où les Blancs peuvent occuper avec leur Roi la case avant le pion isolé (donc la case ç4), c'est seulement le pion ç des Noirs qui est une faiblesse, leur pion a étant beaucoup plus difficile à attaquer.

Diagramme 13. — Nous savons qu'un pion isolé est un pion qui, sur les deux colonnes adjacentes n'a pas de collègue à ses côtés. Le diagramme nous montre un pion qui est isolé mais d'une autre manière. Bien qu'il possède un « parent » sur la colonne ç, celui-ci ne peut l'aider à cause de la présence d'un pion ennemi sur la case ç4. En conséquence, le pion d5 est ce que nous pouvons appeler « pseudo-isolé » et très faible.

Diagramme 14. — Dans la position du diagramme, les deux adversaires sont à force égale. Lorsque toutes ou presque toutes les pièces sont encore sur l'échiquier, il faut que les Blancs placent leurs Tours à ç1 et d1 et qu'ils attaquent les pions noirs ç et d avec leurs autres pièces. Une bonne place pour leur Dame serait la case a5 ou f5. Les Noirs s'efforceront de contrarier une telle position des Blancs et peut-être y réussiront-ils. Les Blancs auront acquis un avantage en réussissant à faire avancer un pion noir d'une case, libérant ainsi la case d4 ou ç4 pour l'installation de pièces blanches. Dans tous les cas, les Noirs ne doivent pas rester inactifs. Ils s'efforceront de placer un Cavalier à é4, puis ils feront des menaces directes en inaugurant une attaque sur l'aile roi. Ils feront usage de leur plus grande liberté (seules quelques cases sur la 4e rangée des Blancs sont disponibles pour l'installation de pièces blanches) pour mettre leurs pièces plus rapidement en action. Une simplification partielle (échange de 2 ou 3 pièces) peut aider les Blancs pour amoindrir les chances d'attaque de leur adversaire, mais un échange complet amènerait la nullité.

Diagramme 15. — Tout dépend de la question : A qui revient le trait ? Si le trait est aux Blancs, ils joueront Rd2—d3—d4 pour obtenir un pion passé qui sera sacrifié pour amener rapidement le roi vers ç5, afin de prendre les pions noirs sur l'aile dame et gagner la partie. Par contre, si les Noirs ont le trait, ils gagneront par 1. . . . ç5 ; 2. b×ç5, b4 ; 3. a×b4, a3, etc. Après 1. . . . ç5, les Blancs n'ont plus la possibilité de gagner la partie. C'est un exemple brutal du danger qu'un pion soi-disant abandonné peut produire. Il ne faut jamais le perdre de vue et il faut si possible le bloquer. La présence d'une ou deux pièces donne aux Blancs un grand avantage, à moins qu'il n'y ait des fous de couleurs opposées, ce qui donnerait partie nulle. Dans le seul cas exceptionnel où les Blancs ont le Fou noir et où les Noirs possèdent également leur Fou noir, ces derniers ont un léger avantage.

Diagramme 16. — Ici nous avons affaire à une faiblesse « harmonieuse » dont les Blancs pourront difficilement tirer profit. Le Roi noir est en sécurité aussi bien sur la case g8 que sur h8 ou h7.

Diagramme 17. — Tout dépend de la place des pièces. Ici, les deux adversaires sont mal en point. Comparez la position du Roi noir avec celle du diagramme précédent ; vous verrez que le Roi noir n'a aucune case sûre.

Diagramme 18. — Il y a trois sortes de pions passés, un pion passé isolé à h4 ; deux pions passés liés à a2 et b2 et des pions passés protégés à d5 et f5 (par pion passé protégé, nous indiquons un pion passé défendu par son collègue qui est bloqué, comme dans notre exemple). Les Blancs gagnent facilement parce qu'ils peuvent avancer avec leurs pions des ailes et que le Roi noir ne peut en stopper qu'un seulement. Par f7—f6, les

Noirs pourraient se créer trois pions passés liés, mais cela coûterait trop de temps pour obtenir la promotion. Dans le cas où des pièces (par exemple des Tours) se trouveraient encore en jeu, les Noirs auraient encore quelques chances.

Diagramme 19. — Le dernier coup des Blancs était probablement a5—a6. Les Noirs auraient dû jouer a7—a6 ou ç6×b5 pour empêcher le complet effondrement de leur chaîne de pions.

Diagramme 20. — Avec le Fou blanc à d2 et le Fou noir à é7, les Blancs sont mieux parce que leur Fou attaque les pions adverses, tandis que les Noirs avec leur Fou à é7 ne menacent si on peut dire que leurs propres pions. Les Noirs auraient eu meilleur jeu si leur Fou s'était trouvé à d7 et celui des Blancs à é2. Les deux autres possibilités donnent jeu égal étant donné que les Fous seraient de couleurs opposées, ce qui prime toute autre considération.

TROISIÈME PARTIE

DIX PARTIES ANALYSÉES

PARTIE N° 1.

Tournoi du Championnat du Monde, Moscou, 1948.

Blancs : V. SMYSLOV.
Noirs : S. RESHEVSKY.

Partie Espagnole.
Variante : défense Steinitz différée.

1.	é2—é4	é7—é5
2.	Cg1—f3	Cb8—c6
3.	Ff1—b5	a7—a6
4.	Fb5—a4	d7—d6
5.	c2—c3	Cg8—é7
6.	d2—d4	Fc8—d7

Après ces coups nous entrons dans la position du centre type N° 3, donnée par le diagramme 6, p. 21. Les Blancs n'ont qu'un léger avantage au centre : deux pions contre « un pion et demi ». Leur plan stratégique est de forcer l'adversaire à jouer é5×d4. La réponse des Blancs serait alors c3×d4 avec le résultat positionnel central du centre-type n° 2 du diagramme 5, page 20 ou Cf3×d4 avec la position centrale du centre-type n° 4 du diagramme 7, page 22 ; dans les deux cas la formation du centre leur serait favorable.

7. Fa4—b3

Menace de Cg5, attaquant ainsi deux fois le pion f7, point faible des Noirs, surtout dans les débuts ouverts.

7. .... h7—h6

Parant la menace.

8. Cb1—d2

Comme la voie directe à d5 via c3 n'est pas libre, le Cavalier blanc prend un détour par d2—c4—é3. Les Blancs perdent ainsi quelques « temps », mais ils ne peuvent faire autrement puisque leur plan comporte la reprise à d4 avec leur pion c3 après l'échange des Noirs et cela pour conserver la prépondérance au centre.

8. .... Ce7—g6

Pour renforcer é5.

9. Cd2—c4 Ff8—é7
10. O—O O—O
11. Cc4—é3

Avec des moyens directs les Blancs ne peuvent pas forcer leur adversaire à abandonner le centre, la case e5 étant plus facile à défendre qu'à attaquer.

11. .... Fe7—f6
12. Cé3—d5 Tf8—é8?

Diagramme 1.

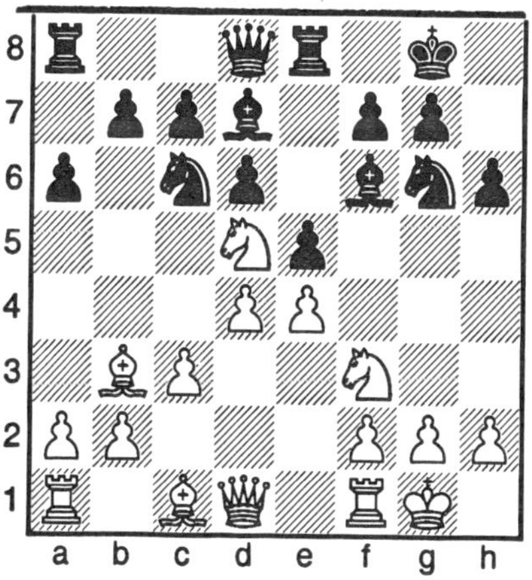

Une faute qui permet aux Blancs de provoquer une liquidation au centre avantageuse pour eux.

13. d4×é5

Les Blancs auraient pu liquider d'une autre façon et nous examinerons plus loin les différences qui en seraient découlées.

13. .... Ff6×é5

La force du coup précédent des Blancs repose sur le fait que les Noirs ne peuvent pas reprendre d'une façon naturelle. 13....d×é5? ; 14. C×f6+, D×f6 ; 15. D×d7 ou 14....g×f6 ; 15. F×h6.

En tout cas et en dehors de toutes les autres possibilités, les Blancs se sont déjà attribué l'avantage sur la moitié du centre.

Examinons maintenant les autres manières pour les Noirs de reprendre e5 :

1) 13. ....Cc×é5 ; 14. C×é5.

1*a*) 14. ....d×é5? ; 15. C×f6+.

1*b*) 14. ....F×é5 ; 15. f4, Ff6 ; 16. C×f6+, D×f6 ; 17. é5 avec un grand avantage pour les Blancs, p. e. 17. ....Dé7 ; 18. é×d6, D×d6 ; 19. D×d6, ç×d6 ; 20. f5, Cé5 ; 21. f6 et les Blancs conservent les deux Fous.

1*c*) 14. ....C×é5 ; 15. f4.

1*c*1) 15. ....Cg6 ; 16. C×f6+, D×f6 ; 17. é5 ; cf. 1b.

1*c*2) 15. ....Cc6 ; 16. C×f6+, D×f6 ; 17. é5, etc.

1*c*3) 15. ....Cg4 ; 16. h3 avec gain d'une pièce.

1*d*) 14. ....T×é5 ; 15. Df3, Fg5 (autrement suit 16. C×f6+). 16. C×c7, D×c7 ; 17. F×f7+, Rh7 ; 18. F×g6+, R×g6 ; 19. Dg3 et les Blancs reprennent la pièce avec profit.

2) 13. ....Cg×é5 ; 14. C×é5, avec à peu près les mêmes possibilités que pour la variante 1. Toutefois il y a une différence selon que le Cavalier se trouvera à c6 ou g6.

Arrêtons-nous donc là.

2*a*) 14. ....T×é5; 15. Dd3 (15. Df3, Fg5 ; 16. C×c7, D×c7; 17. D×f7+, Rh7; 18. f4, Fé7 — ces coups ne donnent pas une situation nette). 15....Té8; 16. f4 avec un avantage positionnel : meilleur centre et l'avantage des deux Fous que les Blancs peuvent obtenir après l'échange C×f6 effectué au moment propice.

Retournons un moment à la position donnée au diagramme précédent et choisissons la suite que voici : 13. C×f6+, D×f6 ; 14. d×é5, Cc×é5 ; 15. C×é5, T×é5 ; et nous voyons alors que les Blancs obtiennent quand même le meilleur centre et la conservation des deux Fous, de sorte que la seule différence avec les autres variantes se réduit au fait que les Blancs en dernier lieu se réservent le choix du moment propice pour l'échange ce qui peut signifier un avantage.

14. Cf3×é5

Ce coup donne l'occasion aux Noirs de redresser leur position au centre, impliquant toutefois un autre désavantage pour eux.

14. .... d6×é5

Après 14....Cc×é5, Cg×é5, ou T×é5, nous aurons à nouveau l'appréciation connue : les Blancs ont un meilleur centre (centre-type 4) et les deux Fous.

15. Dd1—f3

Évacue la case d1 au profit de la Tour et attaque f7, de sorte que les Noirs doivent se méfier des coups : 16. C×é7 et 16. Cb6.

15. .... Fd7—é6
16. Tf1—d1.

Relisez notre théorie au sujet de la colonne ouverte, chapitres IV et V : « Ouvrez des colonnes au moment où vous pourrez en tirer davantage de profit que votre adversaire » et ici c'est vraiment le cas. Par le coup du texte les Blancs menacent de 17. F×h6, g×h6; 18. Cf6+ gagnant la Dame.

Diagramme 2.

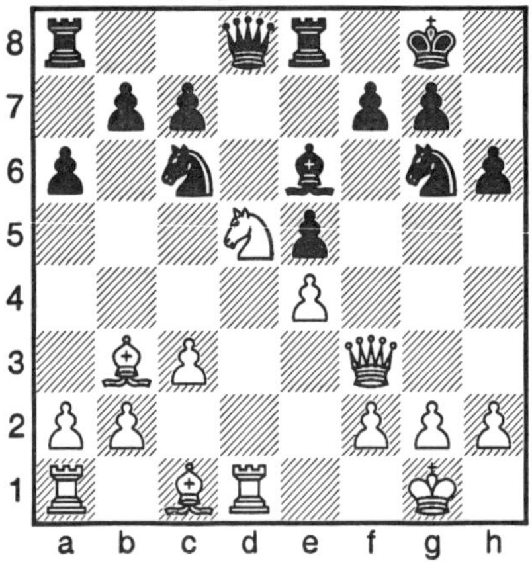

16. .... Fé6×d5

A retenir aussi 16....Dc8, quoique après ce coup les Noirs soient obligés de tenir compte de complications telles que 17. Cf6+, g×f6; 18. D×f6, Cf4 (18.... F×b3?; 19. F×h6). 19. Td3. D'où vient subitement cette combinaison? Eh bien, les Blancs ont une supériorité en matériel d'attaque et l'aile roi des Noirs est affaiblie (h7, h6), deux indications pour la possibilité d'une attaque directe sur le Roi (chapitre VI). La supériorité n'est pas énorme et le résultat n'est pas concluant non plus.

17. Td1×d5 Dd8—é7
18. Df3—f5

Menace de 19. Td7 avec résultat immédiat et décisif. La case f7 est toujours un point faible dans la position des Noirs.

18. .... Cg6—f8

Le coup naturel de 18....Tad8? serait une grosse erreur à cause de 19. T×d8, T×d8; et maintenant *non pas :*

1) 20. D×g6?, Td1+ 21. F×d1, f×g6;
mais :
2) 20. F×h6.
2*a*) 20. ....g×h6; 21. D×g6+, etc.
2*b*) 20. ....Ch4; 21. Dg5, etc.

A recommander également 18....De6, donnant toutefois aux Blancs l'occasion de continuer :

1) 19. Td7, D×f5; 20. é×f5, Té7; 21. T×é7, Cg×é7; 22. f6—avec un net avantage (les deux Fous et une meilleure chaîne de pions):

ou :

2) 19. Fé3, D×f5; 20. é×f5, Cf4; 21. Td7, Té7; 22. Tad1 donnant également un grand avantage aux Blancs.

19. Fc1—e3	Cf8—é6
20. Ta1—d1	

Doublement des Tours sur la colonne ouverte ; menace décisive par 21. Td7.

20.	Té8—d8?

Le coup juste était ici ....Tad8. Un examen superficiel montre déjà qu'une Tour postée à é8 a une action plus grande qu'à a8, et la suite de la partie va

Diagramme 3.

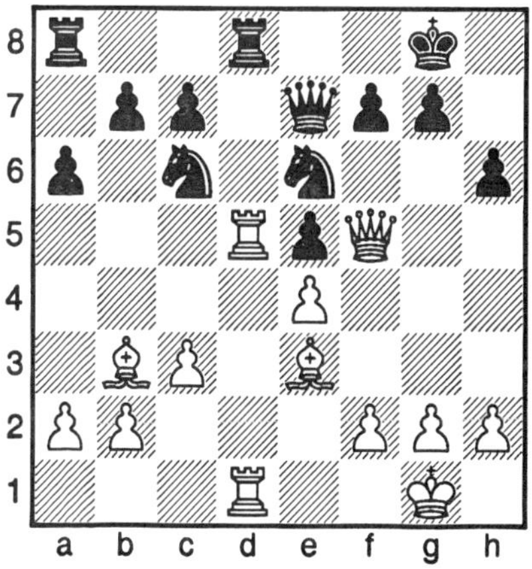

nous apprendre que les conséquences deviendront plus graves encore. Le joueur qui jouait avec les Noirs avait sans doute voulu libérer la case é8 pour sa Dame, ce qui est de moindre importance.

Regardons maintenant d'un peu plus près la situation le long de la colonne d. Les Blancs possèdent là deux Tours et ont en conséquence une supériorité sur les Noirs qui n'en ont qu'une ; ils ne peuvent cependant pas en faire usage immédiatement. La Tour d8 est suffisamment protégée et la case d7 est inaccessible. Par ailleurs les Noirs ne peuvent pas annuler la pression ennemie sur la colonne d, parce qu'un échange à d7 avec reprise par le pion Blanc coûterait une pièce.

Nous sommes donc arrivés à une situation où les forces des deux adversaires se trouvent équilibrées, ce qui les oblige à chercher une amélioration de leurs positions sur tous les fronts.

21. g2—g3

Par ce petit coup innocent les Blancs obtiennent de nombreux résultats :

primo : le Roi blanc se réserve une case de fuite.

secundo : ils empêchent dorénavant le saut éventuel du Cavalier noir à f4.

tertio : ils dominent la case h4, ce qui se révélera être bientôt d'une grande importance.

21. .... Td8—d6

Ce coup ne résout pas le problème et déplace seulement les difficultés. Il faut dire toutefois qu'une bonne continuation était difficile à trouver. A retenir était 21....Dé8, mais ce coup signifie à peine un soulagement pour les Noirs, étant donné que la suite logique 22....Cé7 suivie de deux échanges à d8, auraient coûté le pion é5. Avec le coup du texte les Noirs s'embarrassent d'un pion arriéré (chapitre II) et ce dernier devra bientôt tomber.

22. Td5×d6 c7×d6
23. Df5—g4

Menaçant F×h6

23. .... Rg8—h8

24. Fé3—b6

Diagramme 4.

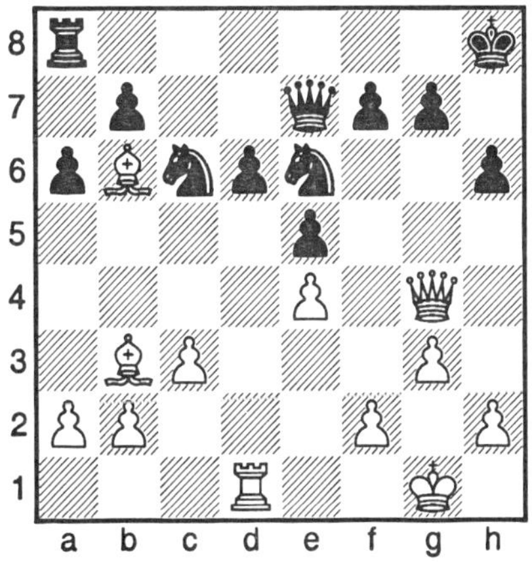

Un nouveau désavantage résultant du 21e coup des Noirs se montre à présent : la case b6 est devenue faible et le Fou blanc va exercer sa pression sur la case d8, case indispensable aux Noirs pour défendre leur pion d6.

Il y a menace maintenant de : 25. Td2, 26. Dd1 suivie de la conquête du pion d6. Contre ceci les Noirs n'ont pas grand'chose, comme les variantes suivantes le démontreront, à savoir :

1) 24. ....Ccd8 ; 25. Td2.

1*a*) 25. ....f6 ; 26. F×é6, C×é6 ; 27. Dd1, etc.

1*b*) 25. ....Tc8 ; 26. Dd1, Tc6 ; 27. Fa5.

1*b*1) 27. ....f6 ; 28. F×é6, C×é6 ; 29. Fb4, Cc5 ; 30. F×c5, d×c5 ; 31. Td7, etc.

1*b*2) 27. ....b6 ; 28. Fb4, Cb7 ; 29. Fd5, etc.

1*b*3) 27. ....Cc5 ; 28. Fd5, Tc8 ; 29. b4.

1*b*3) *primo* 29. ....Cd7 ; 30. F×d8 avec conquête du pion b.

1*b*3) *secundo* 29. ....Ccé6 ; 30. F×é6 avec conquête du pion d.

2) 24. ....Tc8 ; 25. Td2.

2a) 25. ....Cb8 ; 26. F×é6, f×é6 ; 27. Dd1, Tc6 ; 28. Fa5, Cd7 (forcé) ; 29. Fb4, Cc5 ; 30. F×c5, d×c5 ; 31. Td7, etc.

2b) 25. ....Ccd8, cf. 1b.

3) 24. ....Té8 ; 25. Td2 et le pion d6 doit tomber.

4) 24. ....Cb8, cf. la suite de la partie.

24. .... Cc6—b8

Par cette manœuvre les Noirs auraient pu empêcher momentanément la perte du pion d6, c'est-à-dire dans le cas où la Tour aurait été placée à é8 au lieu de a8 (cf. le 20e coup des Noirs).

25. Fb3×e6.

25. Td2 n'aurait pas atteint le but : 25....Cd7 ; 26. Fa5, b6 ; 27. Fb4, Cdc5 ; 28. Dd1, Td8.

25. .... f7×é6

Forcé.

26. Dg4—h4

Diagramme 5.

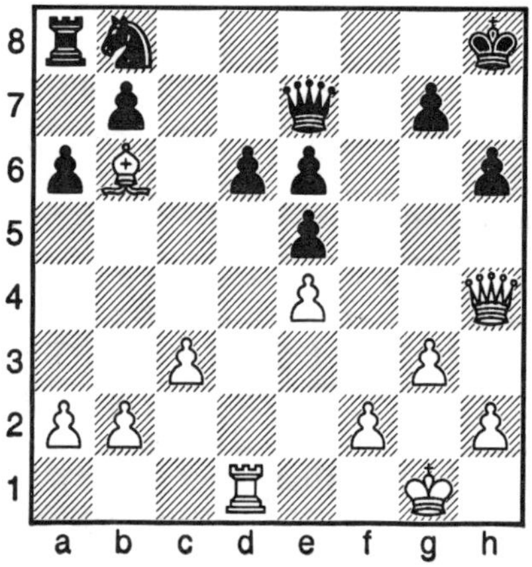

Un coup magnifique : les Blancs mettent la Dame adverse hors d'état de nuire, bientôt le pion d6 va perdre sa protectrice.

26. .... Dé7—d7

Après 26....D×h4 ; 27. g×h4 les pions d6 et é6 seraient perdus.

27. Dh4—d8+.

Simple et conséquent ; la Dame noire, la seule pièce qui protège d6, doit disparaître.

27. .... Dd7×d8
28. Fb6×d8 Cb8—d7
29. Fd8—c7 Cd7—c5
30. Td1×d6

Par ces derniers coups une importante période stratégique de cette partie est close. A présent, et pour réaliser leur avantage matériel, les Blancs s'efforceront d'arriver à une finale bien connue, celle du type « finale de Tours » : deux pions en plus sur l'aile roi contre un en moins sur l'aile dame (cf. Diagramme). Cette finale est toujours gagnante pour le joueur ayant une supériorité matérielle.

30. .... Ta8—c8
31. Fc7—b6 Cc5—a4
32. Td6×é6 Ca4×b2

Des deux côtés un vrai « catch as catch can ».

3. Té6×é5 Cb2—c4

Examinez cette petite finesse, 33....T×c3 échouerait à cause de 34. Fd4, Tc1+ ; 35. Rg2, Cd3 ; 36. Té7 et gagnent.

34. Té5—e6 Cc4×b6
35. Té6×b6 Tc8×c3
36. Tb6×b7 Tc3—c2
37. h2—h4 Tc2×a2

Cette finale sera facilement gagnée par les Blancs à condition qu'ils prennent quelques précautions.

Les pions avanceront avec une seule exception : le pion f2. Le Roi se mettra devant les pions. La signification de ces précautions se révélera par la suite.

38. Rg1—g2	a6—a5
39. h4—h5	a5—a4
40. Tb7—a7	

Diagramme 6.

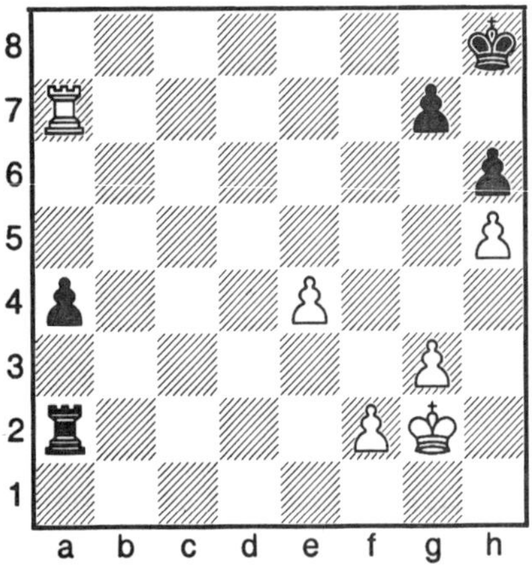

La case a7 est la place indiquée pour la Tour blanche chargée d'empêcher la promotion du pion noir et de surveiller la Tour adverse.

40.	Rh8—g8
41. g3—g4	a4—a3
42. Rg2—g3	Ta2—é2
43. Rg3—f3	

Non pas 43. f3 à cause de 43....a2 et la Tour noire aurait regagné une bonne partie de sa liberté.

43.	Té2—a2
44. Rf3—é3	

Supposons maintenant que les opérations soient continuées par 44....Ta1 ; 45. Rf4, a2?. Ce dernier point d'interrogation a sa raison d'être. En effet, la Tour noire n'a plus aucune liberté de mouvement étant donné que le coup éventuel Ta1—f1 trouverait sa réponse en Ta7×a2 par lequel les Blancs tout en prenant le pion a2, défendent en même temps leur pion f2. Ceci est la signification de notre remarque selon laquelle un pion (f2) devait rester sur place pour le moment. Il pourrait suivre maintenant : 46. Rf5, Rf8 ; 47. é5 et puis :

Diagramme 7.

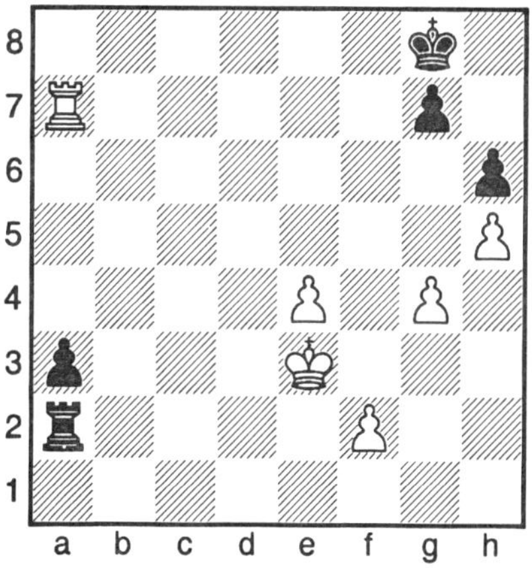

1) 47. ....Rg8 ; 48. Rg6, Rf8 ; 49. Ta8+, Ré7 ; 50. R×g7, etc.
2) 47. ....Ré8 ; 48. Ré6, Rd8 ; 49. Rf7, Tg1 ; 50. é6, etc.

En passant nous nous permettons de répéter la reremarque stipulant la nécessité de tenir le Roi blanc *devant* ses pions : 48. Ré4 (au lieu de Ré6) aurait provoqué dans cette variante la réponse 48....Té1+, puis 49....a1D avec gain pour les Noirs.

44.	Rg8—f8
45. f2—f3	

Sans ce dernier coup les Blancs ne peuvent aller plus loin : le pion blanc à f2 a fait son devoir.

45.	Ta2—a1
46. Ré3—f4	a3—a2

A présent les position des Noirs est à son point culminant. Après une prochaine marche en avant du Roi blanc, les Noirs pourraient échanger a2 contre f3, p. ex. : 47. Ré5, Tf1 ; 48. T×a2, T×f3 et les Blancs auraient encore des difficultés à vaincre.

Diagramme 8.

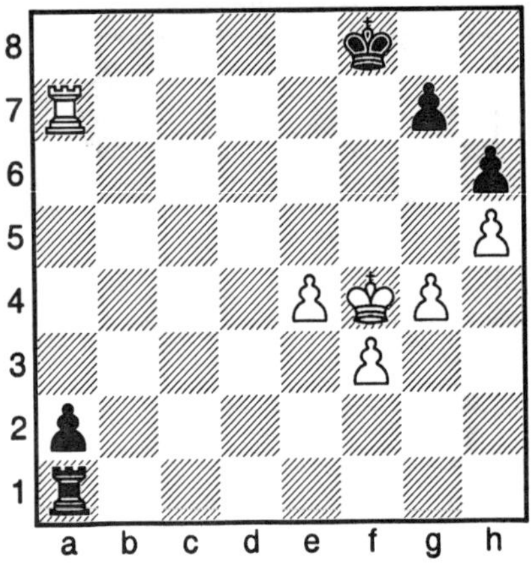

47. é4—é5 Rf8—g8

ou 47....Ré8 ; 48. Rf5, Tf1 ; 49. T×a2, T×f3+ ; 50. Ré6, etc.

48. Rf4—f5

Cette marche en avant donne au Roi blanc une position dominante.

48. .... Ta1—f1
49. Ta7×a2 Tf1×f3+.
50. Rf5—g6 Rg8—f8
51. Ta2—a8+ Rf8—é7
52. Ta8—a7+

Les Noirs abandonnent, parce que les Blancs prendront aussi bien le pion g7 que le pion h6.

Partie N° 2.

Tournoi de Saltsjoebaden, 1948.

Blancs : V. Pirc.
Noirs : G. Stolz.

Gambit de la Dame — Défense Slave.
Variante Schlechter.

1. Cg1—f3	d7—d5
2. é2—é3	g7—g6
3. c2—c4	c7—c6
4. Cb1—c3	Cg8—f6
5. d2—d4	Ff8—g7

Habituellement cette position s'obtient d'une autre manière, soit via le Gambit slave (1. d4, d5 ; 2. c4, c6 ; 3. Cf3, Cf6 ; 4. é3, g6 ; 5. Cc3, Fg7), soit via le Gruenfeld-Indien (1. d4, Cf6 ; 2. c4, g6 ; 3. Cc3, d5 ; 4. é3, c6 ; 5. Cf3, Fg7).

Les Blancs sont légèrement mieux, la situation au centre peut être comparée avec le diagramme 6, page 21, centre-type 3 : deux pions contre « un pion et demi ». L'échange par les Blancs à d5 donnerait un centre équilibré. Par contre l'échange des Noirs à c4 — sans action immédiate — laisserait la main libre aux Blancs.

6. Ff1—d3	O—O
7. h2—h3	

Une précaution bien typique, étroitement liée à la lutte au centre. Les Blancs empêchent un éventuel Fg4, suivi de l'échange à f3. Pour quelle raison les Blancs redoutent-ils cet échange, puisqu'ils verraient disparaître la paire de Fous des Noirs. L'enjeu étant toujours l'influence au centre, la disparition du Cavalier à f3 enlèverait aux Blancs la possibilité de surveiller les cases d4 et e5.

Un inconvénient du coup du texte est la perte d'un

temps procurant aux Noirs un peu de liberté de manœuvre et l'occasion de se créer quelques chances d'améliorer leur position au centre.

7. .... Cb8—d7

Préparant c5. Toutefois la poussée immédiate 7....c5 était aussi à envisager.

8. O—O c6—c5

Rétablit l'équilibre au centre, en supposant toutefois que le calcul des Noirs soit correct, c'est-à-dire à condition que les Blancs ne puissent tirer profit de la situation faible du pion d5.

9. c4×d5 c5×d4
10. Cf3×d4

10. é×d4 n'est pas à retenir. La suite aurait été 10....Cb6, suivi de la prise à d5, créant la position centrale indiquée au diagramme 9, page 24, centre-type Nº 6 : pion isolé bloqué.

10. .... Cd7—b6
11. é3—é4

Les Noirs se seraient-ils trompés ? Le pion d5 est maintenant solidement protégé.

11. .... Cf6×d5

Une simple finesse. Les Noirs regagnent le pion.

12. é4×d5 Fg7×d4

L'équilibre est rétabli. Examinons maintenant cette position d'un peu plus près et regardons d'abord la situation au centre. Les Blancs ont un pion isolé et il importe de savoir si nous avons affaire avec un centre-type nº 5, diagramme 8, page 23 ou centre-type nº 6, diagramme 9, page 24, c'est-à-dire un centre ayant la possibilité d'avancer ou un centre condamné à rester immobile. Nous résumons :

a) Les Blancs vont essayer de forcer la marche en avant d5—d6 ou de tenir ce coup en réserve (centre mobile type nº 5, diagramme 8, page 23).

b) Les Noirs vont contrecarrer cette poussée en avant de d5—d6 et en cas de réussite le centre sera bloqué (centre-type n° 6, diagramme 9, page 24).

Diagramme 9.

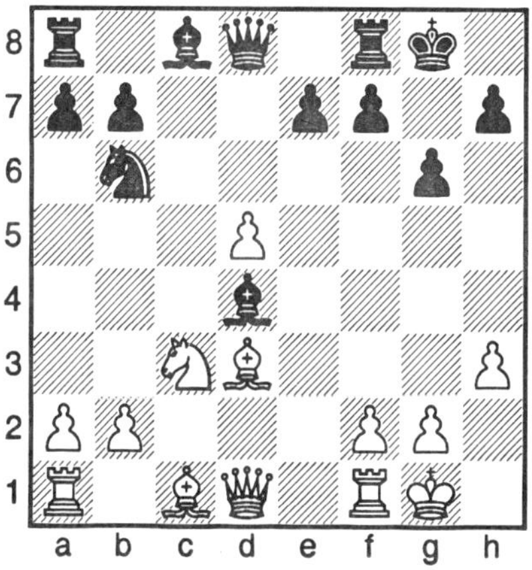

Dans le premier cas, les Blancs seront mieux. Dans le deuxième cas, les Noirs seront mieux, mais.... (pour les pauvres Noirs il y a toujours un « mais »). Je répète : dans le deuxième cas, les Noirs seraient mieux, si un point faible, c'est-à-dire le pion arriéré é7 ne rétablissait pas à nouveau l'équilibre ; en quelque sorte la faiblesse du pion blanc à d5 est compensée par la faiblesse du pion noir à é7.

A présent s'engage la lutte autour de d5—d6.

13. Fc1—h6

Les Noirs ne peuvent pas jouer 13....Té8 à cause de Fb5, avec la double menace sur le Fd4 et la Té8.

13. .... Fd4—g7

Forcé, mais il n'est pas agréable pour les Noirs d'être obligés d'échanger leur Fou de fianchetto, puisque maintenant leur aile roi est affaiblie et facilement attaquable.

14. Fh6×g7 Rg8×g7
15. Fd3—é4.

Un coup subtil, avec lequel les Blancs empêchent le développement des Noirs : après 15....Fd7 ; 16. d6 — les Blancs auraient un avantage, p. ex. : 16....é×d6 ; 17. F×b7, Tb8 ; 18. Ff3 et les Noirs ont un pion isolé (centre-type n° 6, diagramme 9, page 24).

15. .... Dd8—d6

Ce coup n'a pas été joué pour empêcher d5—d6, car le coup du texte facilite plutôt cette avance. Après un éventuel saut du Cavalier de c3 à é4, attaquant la Dame noire, celle-ci est obligée de fuir, ce qui procurerait aux Blancs une protection supplémentaire de la case d6.

Toujours dans le but de juger cette variante on peut dire que les Noirs n'ont pas beaucoup de choix et qu'un regroupement de leurs forces demanderait un certain temps, p. ex. : Fd7, Tad8 ; Cc8, Db8, et Cd6.

D'ailleurs les choses ne vont pas si loin. A remarquer toutefois que la continuation normale 15....Cc4, suivi de 16....Cd6 échouerait par 16. Dd4+, gagnant la pièce.

16. Tf1—é1

Le pion é7 est déjà visé.

16. .... Fc8—d7
17. Fé4—f3

Libère la case é4 pour le Cavalier.

17. .... Ta8—d8
18. Dd1—d4+

Immédiatement Cé4 était également possible mais les Blancs ont conjugué la poussée d5—d6 avec une attaque sur l'aile roi.

18. .... Rg7—g8

Les quelques variantes suivantes auraient eu aussi leurs inconvénients :

1) 18. ....Df6 ; 19. D×f6+.

1*a*) 19. ....R×f6 ; 20. Cé4+, Rg7 ; 21. Cc5 avec gain de pion pour les Blancs (21....Fc8; 22. T×é7, C×d5; 23. F×d5, T×d5; 24. C×b7, Tb5; 25. Cd6.

1*b*) 19. ....é×f6 et les Blancs ont pratiquement un pion de plus, la supériorité des Noirs sur l'aile roi ne compte plus (comparez chapitres II et IX).

2) 18. ....f6, affaiblissant considérablement le pion é7 et rendant la poussée é6 impossible. Suivrait 19. Tad1 puis 20. Cé4 avec un gain de terrain.

Étant donné la suite de la partie, la variante 1) doit être considérée comme la meilleure.

19. Dd4—h4 Tf8—é8?

Ce coup équivaut à l'abandon de la partie. Correct était : 19....Cc8, quoique les Blancs après 20. Cé4, Dé5 (20....Db8; 21. Cg5, h5; 22. F×h5); 21. d6, C×d6 (21....é×d6?? ; 22. Cf6+) obtiennent avec 22. C×d6, D×d6; 23. Tad1 le meilleur jeu.

1) 23. ....Df6; 24. D×f6, é×f6; 25. F×b7, etc.

2) 23. ....Db6; 24. T×é7, Fç6; 25. T×d8, T×d8; 26. Df6, etc.

Diagramme 10.

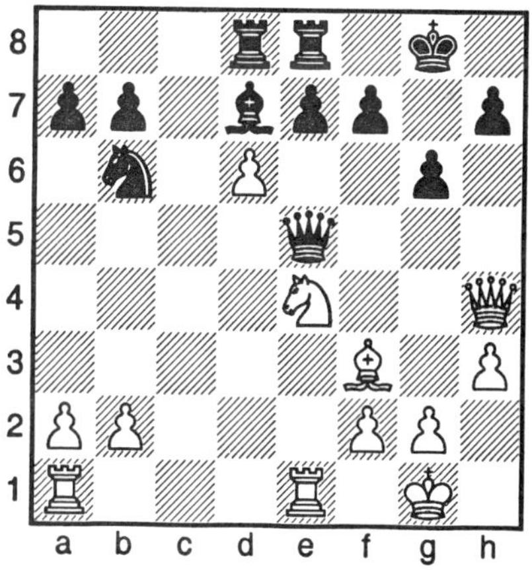

20. Cc3—é4 Dd6—é5
21. d5—d6

La marche en avant triomphale.

Les Noirs ne peuvent prendre et perdent la qualité de toutes façons.

21. .... Dé5—g7
22. d6×é7 Td8—b8
23. Cé4—f6+ Rg8—h8
24. Cf6×é8

La suite est sans importance. Les Noirs ont abandonné au 47e coup.

Partie N° 3.

Sixième partie du match 1939.

Blancs : P. Keres.
Noirs : Dr. M. Euwe.

Défense Nimzo-Indienne.

1. d2—d4 Cg8—f6
2. c2—c4 é7—é6
3. Cb1—c3 Ff8—b4
4. Dd1—c2

Est reconnue comme la plus solide continuation; évite la création d'un pion doublé, tout en contrôlant la case é4.

4. .... Cb8—c6

La variante de Zurich; les Noirs ébauchent la formation d'un centre d6—é5.

5. Cg1—f3 O—O

Par ce coup, les Noirs permettent le clouage de leur Cavalier à f6. Ce clouage n'a d'effets que lorsque le Roque a été joué, comme c'est le cas.

Dans la partie N° 6 on verra jouer ici 5....d6, coup

visant directement à la réalisation du plan conçu par les Noirs.

6. Fc1—g5 h7—h6
7. Fg5—h4 d7—d6

7....g5 ; 8. Fg3 affaiblirait trop l'aile roi, désavantage trop important, malgré un gain de pion, après 8....g4 ; 9. Ch4, C×d4, succès de courte durée à cause de 10. Dd2! avec une double attaque sur le Cd4 et h6. Par exemple 10....c5 ; 11. D×h6! Cç2+ ? ; 12. Rd1, C×a1 ; 13. Fé5 et gagnent.

8. é2—é3 Dd8—é7

immédiatement é6—é5 était possible.

9. Ff1—é2 é6—é5

Les Noirs ont rétabli l'équilibre au centre. La formation atteinte fait penser au diagramme 6 page 21, centre-type nº 3, avec cette différence que les Blancs ne possèdent au centre qu'un pion et demi.

10. d4—d5

Diagramme 11.

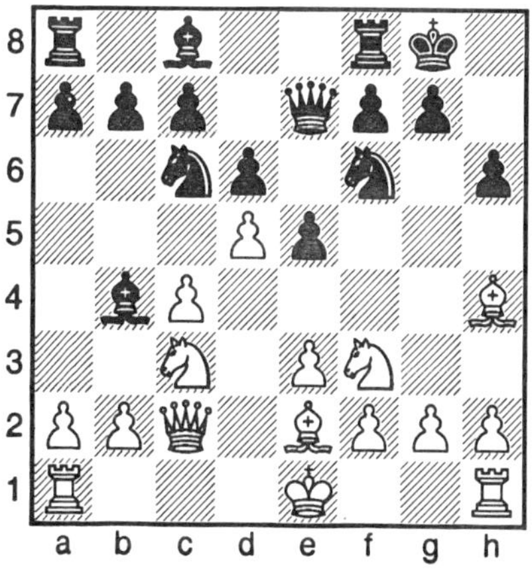

Les Blancs ne peuvent obtenir davantage et par leur dernier coup ils changent de tactique et mettent un cadenas sur la situation du centre, consolidant ainsi le terrain conquis, d'où plus tard une percée pourrait être entreprise.

Au chapitre IV nous avions déconseillé la marche en avant d4 — d5 (cf. diagramme n° 30) puisqu'elle donnait un soulagement considérable aux Noirs, qui, après bloquage des pions, n'étaient plus obligés de protéger la case vulnérable é5. Maintenant les conditions ont changé.

Tout d'abord parce que la case é5 dans cette position se trouve suffisamment protégée : deux fois attaquée, trois fois défendue.

Au diagramme 30 du chapitre IV la pression sur é5 était telle que les Noirs se voyaient obligés d'abandonner le centre quelques coups après par é5×d4. Cet espoir n'est pas permis ici aux Blancs.

Puis, il y a encore une autre différence positionnelle qui nous permet de plaider pour le coup d4—d5. Elle se trouve dans la position du pion é blanc sur la case é3 au lieu de la case é4.

Au chapitre IV nous avions déjà fait la remarque que le coup d4—d5 des Blancs amènerait la réponse f7—f5 des Noirs. Cette riposte devient naturellement moins efficace lorsqu'il ne se trouve aucun pion à é4. Après le coup du texte nous arrivons sur le terrain de la théorie des percées, traitée dans le chapitre VIII. Les deux adversaires visent l'occupation des colonnes ouvertes pour leurs Tours et en examinant la position, nous remarquons deux points, dans chaque camp, où cette percée pourrait être entreprise (les Blancs à c5 et f4, les Noirs à c6 et f1).

D'autre part les pions sur l'aile roi n'ayant pas encore perdu leur mobilité, les percées pourraient survenir à des points différents sur ce côté de l'échiquier, c'est-à-dire, si les Blancs jouent é3—é4, le point de percée des Noirs se déplace de f4 à f5, cependant qu'une éventuelle avance é5—é4 des Noirs déplacerait la percée blanche de f4 à f3.

10. .... Cc6—b8
11. Cf3—d2

D'abord pour éviter un clouage du cavalier, ensuite pour préparer un saut à é4, ou encore pour libérer la case f pour le pion blanc.

Par ailleurs le coup du texte a une signification préventive. Après 11. O—O, les Noirs p. ex. par 11.... F×c3 ; 12. D×c3, g5 ; 13. Fg3, Cé4 ; 14. Dc2, f5! obtiendraient une forte position pour attaquer — le saut du Cavalier à d2 surcontrôle donc en même temps la case é4.

11. .... Cb8—d7

Le coup 11....Té8 est réfuté par 12. F×f6 et maintenant :

1) 12. ....g×f6 avec un affaiblissement grave de l'aile roi.
2) 12. ....D×f6? ; 13. Da4 avec gain de pièce pour les Blancs.

12. O—O a7—a5
13. Ta1—é1

Préparation complémentaire de la poussée f2—f4.

Diagramme 12.

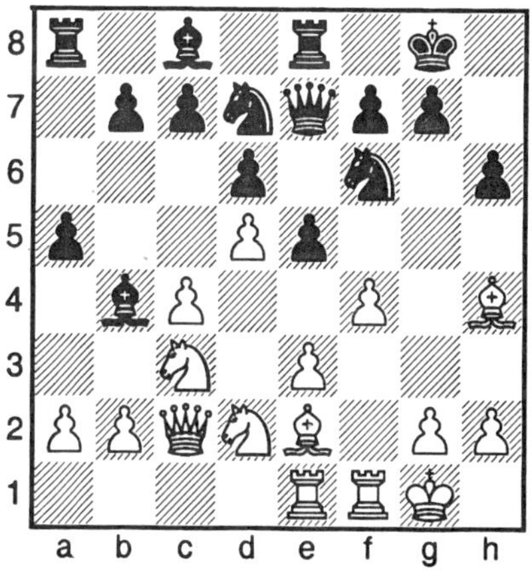

13. .... Tf8—é8
14. f2—f4

Avant d'ouvrir une colonne, le joueur doit se convaincre d'abord que la percée lui sera plus favorable qu'à son adversaire et il faut comprendre les derniers coups des Blancs dans cet ordre d'idées ; si les Noirs échangent maintenant à f4, les Blancs seront les plus forts sur la colonne é, d'autant plus que les Noirs n'ont pas encore terminé leur développement.

14. .... Fb4×c3

Les Noirs se trouvaient devant un problème difficile : il fallait qu'ils tiennent compte de f4×é5 (ouverture de la colonne f), ainsi que du coup f4—f5, suivi plus tard de g2—g4—g5 (ouverture de la colonne g).

Avec le coup du texte les Noirs introduisent une transaction d'échange, ce qui leur procure un peu plus d'air.

15. Dc2×c3

L'acceptation d'un pion doublé par 15. b×c3 ne peut être retenue que dans le cas où la reprise par la Dame serait une faute pour une raison quelconque, ce qui n'est pas le cas ici.

Par contre la reprise par le pion serait absolument défavorable ici à cause de la formation c3—c4—d5, qui serait bloquée pendant le reste des opérations, les Noirs surveillant complètement la case c5 devant les pions doublés (la case idéale, cf. chapitre III).

15. .... Cf6—é4

La manière directe pour liquider, et qui prévient bien des dangers immédiats.

16. Cd2×é4 Dé7×h4
17. g2—g3 Dh4—é7
18. Fé2—g4

Bien joué !

Les Blancs se proposent de jouer f4—f5, mais comme ce coup rendrait leur Fou blanc moins actif (entouré de ses propres pions sur la même diagonale), ils veulent d'abord l'échanger. En outre les Blancs peuvent se permettre de faire ces opérations qui demandent du temps, sans crainte de voir troubler leur plan par un éventuel é5×f4 des Noirs, rendant la colonne é sur laquelle les Blancs sont les plus forts.

18.	Cd7—f6
19. Cé4×f6+	Dé7×f6
20. Fg4×c8	Ta8×c8
21. Tf1—f2	

Les Blancs restent dans l'expectative, tant qu'ils n'ont pas à craindre é5—é4 ou é5×f4.

1) 21. ....é4? ; 22. D×a5.

2) 21. ....é×f4 ; 22. D×f6, g×f6 ; 23. T×f4 et les pions doublés des Noirs seront bientôt indéfendables.

A retenir encore que le coup immédiat 21. D×a5 aurait sa réponse en 21....é×f4 et 22....D×b2.

21.	b7—b6
22. Té1—f1	

Menace de f×é5 suivi de l'attaque sur f7.

D'autre part les coups é5—é4 ou é5×f4 sont toujours à déconseiller à cause de l'échange des Dames et de l'affaiblissement de l'aile roi des Noirs.

22. .... Df6—g6

ne craignant pas 23. f×é5, Té5 ; 24. T×f7. En effet, dans ce cas, les Noirs échangeraient leur Dame pour deux Tours et leur position serait satisfaisante.

23. f4—f5

Une nouvelle phase du jeu commence. Une précédente remarque nous enseignait que la percée pouvait se déplacer à g5. Il va sans dire qu'il s'agit ici d'une longue préparation parce que : *primo*, la poussée g3—g4—g5 demande déjà un certain nombre de coups ; *secondo*, les Blancs auront besoin d'un temps assez considérable pour mettre leurs pièces aux endroits les plus favorables.

Diagramme 13.

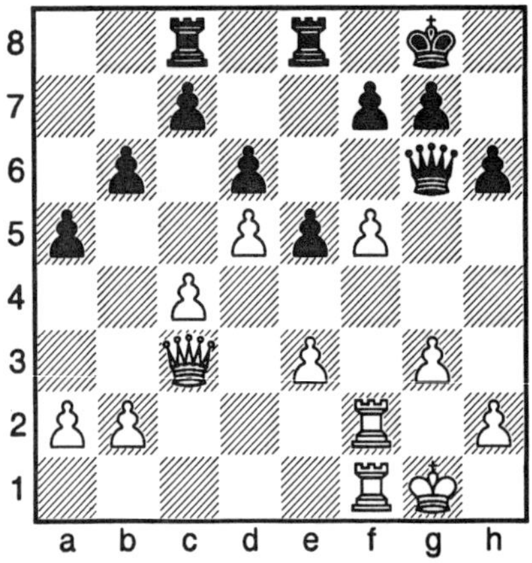

23. .... Dg6—f6

pour empêcher la poussée à f6.

24. é3—é4 c7—c6

Les Noirs font usage de la possibilité de percer sur la colonne c malgré l'affaiblissement des pions b6 et d6, qui en résulte.

25. d5×c6 Tc8×c6
26. a2—a4

Prévient b6—b5.

26. .... Rg8—f8

Les Noirs conduisent leur Roi en sécurité sur l'autre aile, afin de se soustraire aux conséquences d'une éventuelle percée g4—g5.

27. Tf1—d1 Te8—c8

Pression sur la colonne d, contrepression sur la colonne c ; la percée sur l'aile roi semble être mise en sommeil.

28. b2—b3 Rf8—é7
29. Dc3—f3 Ré7—d7
30. h2—h4

Les Blancs reprennent leur plan primitif.

30. .... Rd7—c7
31. Rg1—f1

Afin de donner plus d'efficacité à leurs pièces, les Blancs transportent également leur Roi sur l'autre aile.

31. .... Rc7—b7
32. Rf1—é2 Tc8—c7
33. Tf2—h2 Df6—d8

Les Noirs constatent que les Blancs ont momentanément relâché leur pression sur la colonne f et profitent de l'occasion pour relever leur Dame de sa fonction de bloqueuse en la remplaçant par un pion.

34. g3—g4 f7—f6
35. Th2—g2

Les préparations sont en pleine évolution.

35. .... Tc7—c8
36. Tg2—g3 Dd8—d7
37. Df3—d3 Dd7—f7
38. Td1—h1 Tc8—h8

Contre un éventuel g4—g5.

On s'étonnera peut-être que les Blancs n'aient pas encore joué g4—g5. Mais cette percée n'est pas leur unique objectif. Avant de jouer ce coup, le joueur doit contrôler et estimer les répercussions éventuelles sur le front de la percée comme sur les autres fronts.

A cela s'ajoute un facteur psychologique. Tant que les Blancs n'ont pas encore joué g4—g5, les Noirs restent dans l'incertitude et ne savent pas où ils en sont. Par l'exécution de la percée les Blancs se défont de leurs atouts psychologiques.

39. Th1—h3 Tc6—c8

Les Noirs peuvent laisser leur pion d, car 40. D×d6? serait réfuté par ....Tcd8 ; 41. Da3, Td4 avec une contre-attaque dangereuse.

40. g4—g5!

Diagramme 14.

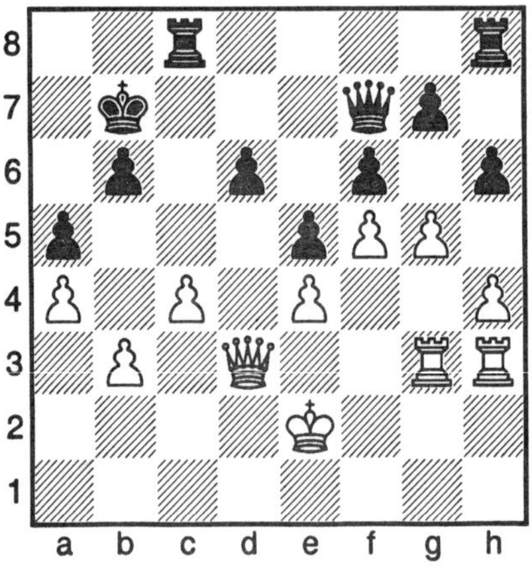

Position après g4—g5.

Enfin. Remarquez le triplement bien à propos sur la 3e rangée.

40. .... h6×g5
41. h4×g5 Df7—c7

Maintenant la menace à d6 est effective.

42. Dd3—d5+ Rb7—a7
43. Tg3—d3

Les Blancs jouent très astucieusement. Ils font pression sur d6 dans l'espoir que les Noirs se croient obligés d'abandonner la colonne h et cette tactique réussit.

43. .... Th8×h3?

La faute décisive. Correct était 43....f×g5 afin de pouvoir arriver après 44. T×h8, T×h8; 45. D×d6, D×d6; 46. T×d6 à une finale de Tours, qui offrirait de bonnes chances de nullité (46....Th4; 47. Ré3, Th3+).

44. Td3×h3 f6×g5
45. Th3—h7

Un succès complet de la stratégie des Blancs : la Tour blanche s'introduit sur le terrain adverse. Le pion

Diagramme 15.

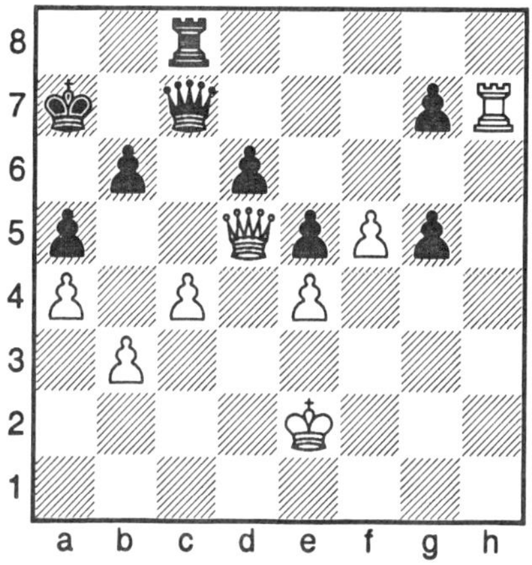

noir à g5 n'a pas d'avenir et maintenant les Blancs menacent de 46. f6.

45. .... Dc7—é7
46.Ré2—f3 Tc8–f8
47. Rf3—g4

Un privilège pour le parti qui a davantage de liberté de mouvements consiste dans la possibilité de porter ses pièces aux endroits favorables. Le roi blanc à g4 est en sécurité et s'apprête à intervenir dès l'échange des dames.

47. .... Tf8—f7

Afin de jouer après 48. Dé6 48. . . . D×é6 ; 49. f×é6, Té7!

48. b3—b4!

A présent que leur action sur l'aile roi est arrêtée, les Blancs en profitent pour forcer une percée décisive sur l'autre aile. Cette percée a un autre caractère que la précédente, car son but vise exclusivement à dépouiller le Roi noir de sa protection afin de le soumettre à une attaque combinée de Tour et Dame.

Néanmoins la Dame et la Tour noires sont encore là pour le protéger, mais c'est un fait certain qu'une lutte entre pièces lourdes se termine toujours à l'avantage du camp dont le Roi jouit de plus de sécurité. Le Roi blanc par contre est momentanément invulné-

Diagramme 16.

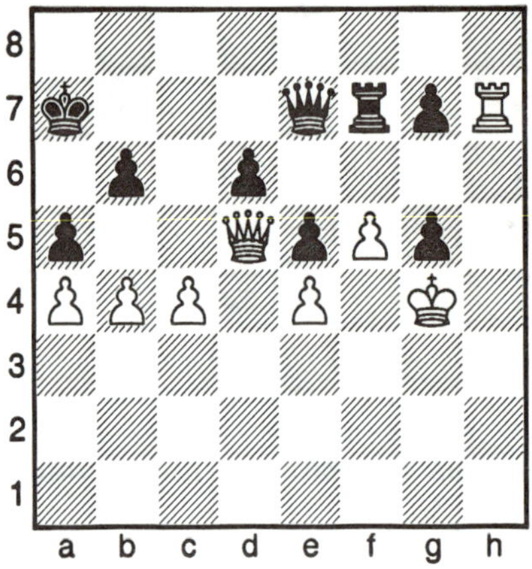

rable et ne serait en danger, que dans le cas où les Blancs ayant préparé leur percée par Th7—h1—b1, se verraient contre-attaquer par la manœuvre des Noirs Tf7—f8—h8 (Th4 +).

48. .... a5×b4
49. a4—a5!

La conséquence de ce qui précède.

La variante principale est : 49. . . . b×a5 ; 50. D×a5+, Rb7 ; 51. D×b4+, Rc7 ; 52. Da5+ et maintenant :

1) 52. ....Rb7; 53. Th3, etc.
2) 52. ....Rd7; 53. Da7+.
2a) 53. ....Rd8 ; 54. Th8+, Tf8 ; 54. Da8+, etc.
2b) 53. ....Ré8 ; 54. Db8+, Rd7 ; 55. Db7+, Ré8 ; 56. Dc8+, Dd8 ; 57. Th8+, etc.
2c) 53. ....Rc6 ; 54. Da6+, Rc7 ; 55. Th8!, Tf8 ; 56. Da7+.

49. .... Dé7—b7

Permet aux Blancs de gagner toute une série

de pions, mais offre en tout cas aux Noirs une petite chance, basée sur la conservation du pion **b**.

50. a5×b6+ Ra7×b6
51. Dd5×d6+ Rb6—a7
52. Dd6×é5 b4—b3
53. Th7—h3!

La fin approche. Maintenant 53. ...b2 échoue à cause de 54. Ta3+. Le pion b noir est vraiment perdu.

53. .... Tf7—f6
54. De5—d4+ Tf6—b6

Autres possibilités :

1) 54. ....Ra6 ; 55. Da1+, Rb6 ; 56. T×b3+, etc.
2) 54. ....Db6 ; 55. Dd7+
2*a*) 55. ....Ra8 ; 56. Th8+, ou
2*b*) 55. ....Ra6 ; 56. Da4+ avec gain du pion **b**.
3) 54. ....Rb8 ; 55. Th8+, Rc7 ; 56. Td8.
3*a*) 56. ....Rc6 ; 57. é5! etc.
3*b*) 56. ....Dc6 ; 57. Td5 et les Noirs n'ont plus aucune défense.

Après le coup du texte la partie est terminée.

55. Th3×b3.

Les Noirs abandonnent.

PARTIE N° 4.

Tournoi interzonal — Hilversum, 1948.

Blancs : A. O'KELLY.
Noirs : L. SZABO.

Gambit-Dame. Est-Indienne.

1. d2—d4 Cg8—f6
2. c2—c4 g7—g6
3. Cb1—c3 d7—d6

Ce début vise la formation d'un centre d6—é5, qui diffère avec le système tout autre de 3....d7—d5 (Grünfeld-Indienne) qui a d'autres aspirations et qui en premier lieu vise des actions violentes au Centre.

4. Cg1—f3	Ff8—g7
5. g2—g3	0—0
6. Fg1—g2	Cb8—d7
7. 0—0	é7—é5
8. é2—é4	

Diagramme 17.

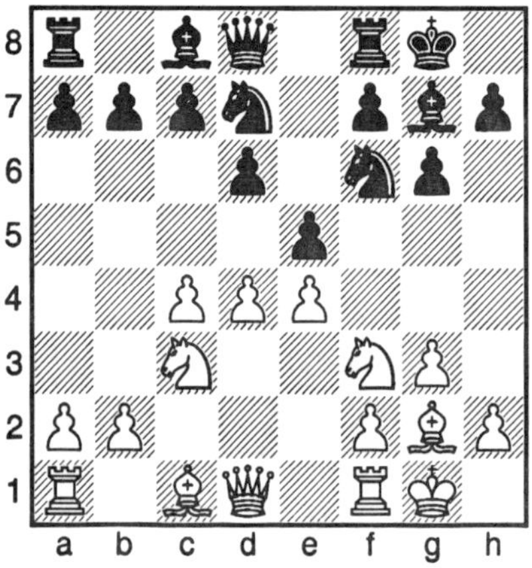

Centre-type n° 3, diagramme 6, page 21, chapitre I, deux pions contre un pion et demi.

Il y a trois possibilités :

1) les Blancs jouent d4—d5 : variante de la poussée ;

2) les Blancs font l'échange à é5 ;

3) les Noirs font l'échange à d4, variante russe.

Avec la variante de l'échange les Blancs abandonneraient leur léger avantage et elle ne mérite en conséquence aucune recommandation spéciale.

La variante d4—d5 donne aux Blancs une supériorité en liberté de mouvements, comme nous l'avons vu déjà dans la partie n° 3.

La variante russe en définitive, semble à première

vue peu recommandable, parce qu'après l'échange, on voit se former le centre du diagramme 7; page 22, le demi-centre. Par contre, les pièces noires, en particulier le Fg7, gagneraient en activité et ceci s'est révélé en différentes parties, par ex. celles de BRONSTEIN et BOLESLAVSKY, comme étant un facteur important.

8.	c7—c6
9. h2—h3	é5×d4

La troisième possibilité, le système russe.

10. Cf3×d4	Cd7—b6

Avec l'intention de jouer d6—d5 et de rétablir ainsi l'équilibre au Centre le plus vite possible. Toutefois par ce coup les Noirs abandonnent l'idée de base de cette variante : activer le rendement des pièces.

BOLESLAVSKY et BRONSTEIN ont l'habitude de jouer ici 10....Cc5 ou 10....a5.

11. b2—b3	d6—d5
12. é4×d5	c6×d5
13. c4—c5	

Une tentative de réfutation du système. A retenir aussi 13. c×d5, Cb×d5 ; 14. C×d5, C×d5 ; 15. Fb2, et les Blancs obtiennent une petite avance de développement.

Par le coup du texte les Blancs se procurent une petite supériorité matérielle sur l'aile dame (cf. chapitre IX) et cette circonstance formera le motif principal à la lutte des deux partis.

13.	Cf6—é4

Un contre-coup surprise, basé sur des considérations combinatoires, mais ne donnant pas une satisfaction entière. Un coup meilleur aurait été 13....Cb—d7, mais les Blancs, même dans ce cas, auraient eu les meilleures chances.

14. Cc3×é4	d5×é4
15. Fc1—b2	Cb6—d5
16. Fg2×é4!	

Avec raison les Blancs ne redoutent pas l'échange de leur pion de l'aile avec un pion central. Au contraire, cet échange entre dans le cadre de leur plan qui veut la réalisation d'une supériorité sur l'aile dame, et l'ouverture de la diagonale g2—b7 est un élément très important pour l'attaque, d'autant plus que l'affaiblissement de l'aile roi qui en résulte ne procure pas encore de soucis aux Blancs.

16. .... Fc8×h3
17. Tf1—e1

Diagramme 18.

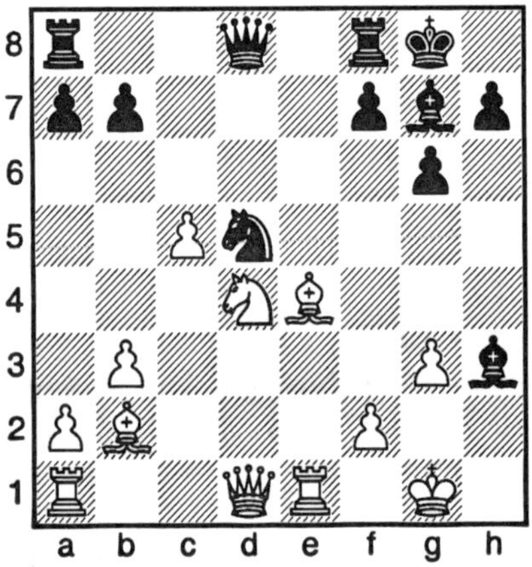

On joue cartes sur table : les Blancs ont une nette supériorité sur l'aile dame, les Noirs ont une supériorité sur l'aile roi, mais moins nette.

17. .... Dd8—d7
18. Dd1—d2 Cd5—é7?

Les Noirs n'ont pas la tâche facile, mais le coup du texte est nettement mauvais. Une attitude passive n'est pas permise, lorsque l'adversaire attaque furieusement.

Il aurait fallu jouer 18....f5, c'est-à-dire contre-attaquer et au moins faire une tentative pour tirer profit de la supériorité sur l'aile roi. Cette tentative pouvait se changer par la suite en réussite.

Par ex. après 19. Fg2, f4! les Noirs auraient été en excellente position, tandis qu'après 19. C×f5!, T×f5 ; 20. F×g7, R×g7 ; 21. Tad1, Td8 la situation pour les Noirs devient douteuse, quoique l'efficacité de la combinaison des Blancs (presque deux ans après la date du tournoi d'Hilversum 1948) n'ait pas encore été prouvée.

Toutefois nous avons acquis la certitude que le coup faible Cd5—é7 des Noirs, les conduit lentement mais sûrement à la perte de la partie.

19. Ta1—d1 Tf8—d8
20. Dd2—b4

Avec deux menaces : gain de pion à b7 et gain d'une pièce après 21. Cf5!

20. .... Ce7—d5

Les Noirs n'avaient pas le choix.

21. Db4—c4 Ta8—c8
22. b3—b4

Protège c5 et prépare le coup suivant.

A remarquer que le contre-coup f7—f5 ne donnerait entre temps plus aucun résultat à cause de Cd4×f5 et Fc4×d5+. Les Noirs se confinent donc dans une attente doublement funeste, étant donné les multiples faiblesses de leur position et principalement de leurs pièces Cd5 et Dd7, cf. l'Introduction.

22. .... Cd5—f6
23. Fé4—f3

Les Noirs n'ont plus de défense. La menace est 24. Cc6! avec gain de la qualité. Après 23. ...Dc7 suit 24. Cb5, Db8 ; 25. Té7! etc. et après 23. ...Cd5 suit 24. Cb5, F×b2 ; 25. T×d5 coup décisif avec la conquête de la Dame noire (Diagramme 19).

23. .... Fh3—g4

Une contre-combinaison, la seule chose que les Noirs puissent essayer.

Diagramme 19.

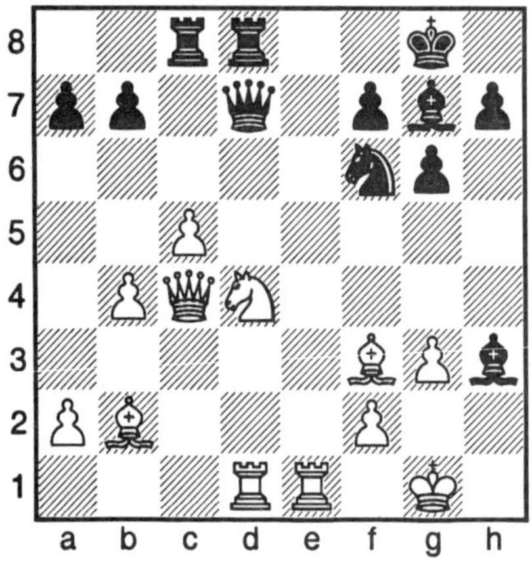

24. Cd4—c6

Les Blancs exécutent leur menace.

24. .... Td8—é8

La véritable pointe. Si les Blancs prennent maintenant à d7, les Noirs récupéreront assez de matériel pour la perte de leur Dame.

25. Cc6—é5!

La réfutation. Pour éviter la perte d'une pièce, les Noirs doivent maintenant donner un pion. Malheureusement, ce n'est pas un pion ordinaire mais le pion b7, et sa disparition accentue la supériorité des Blancs sur l'aile Dame et la rend invincible.

25. .... Dd7—é6

Le Fou à g4 doit rester protégé.

26. Dc4×é6 Fg4×é6
27. Ff3×b7 (Diagramme 20).

Le sort en est jeté. La supériorité des Blancs sur l'aile dame équivaut à deux pions passés liés.

27. .... Tc8—c7

27....Tb8. 28. c6 n'est pas mieux.

28. Fb7—c6	Te8—b8

Les Noirs ne profiteront pas de ces petites faiblesses passagères dans la chaîne des pièces blanches (le Cé5 protège le Fc6 et se trouve sur la diagonale Fg7—Fb2).

Diagramme 20.

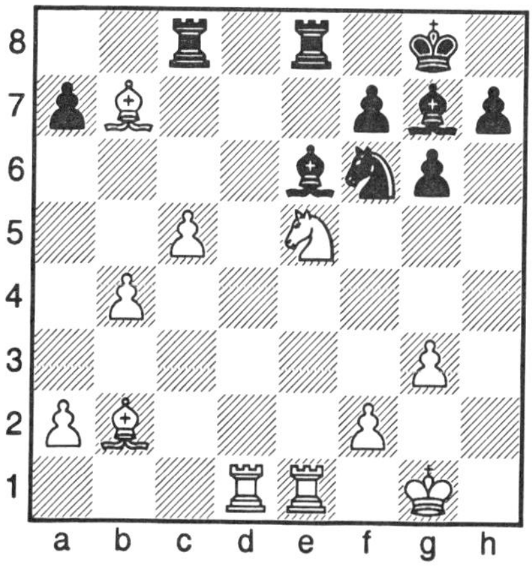

Après par ex. 28....Cd7 suit 29. C×d7, F×b2 ; 30. Cf6+ avec gain de la qualité et après 28....Téc8 les Blancs n'ont même pas besoin de retirer leur Fou, comme le prouve la variante suivante : 29. a3, T×c6? ; 30. C×c6, T×c6 ; 31. Td8+, Ff8 ; 32. F×f6, etc.

29. a2—a3	Cf6—g4
30. Fc6–f3	h7–h5
31. Ce5—c6	

La liquidation. La partie est perdue pour les Noirs. La suite a été :

31.	Fg7×b2
32. Cc6×b8	Fb2×a3
33. Td1—d8+	Rg8—g7
34. Cb8—a6	Tc7—c8
35. Td8×c8	Fé6×c8
36. Té1—a1	Fa3—b2
37. Ta1—a2	Fb2—c3

38.	b4—b5	Fc3—d4
39.	Ff3×g4	h5×g4
40.	Ta2—d2	Fd4—f6
41.	Ca6—c7	Ff6—é7
42.	Cc7—é8+	Rg7—f8
43.	Cé8—d6	Fc8—é6
44.	b5—b6	a7×b6
45.	c5×b6	Fé7—g5
46.	b6—b7	

Les Noirs abandonnent.

Partie N° 5.

Tournoi du Championnat du Monde. — Moscou, 1948.

Blancs : V. Smyslov.
Noirs : P. Keres.

Gambit de la Dame. Défense orthodoxe.
Variante de l'échange.

1.	d2—d4	d7—d5
2.	c2—c4	é7—é6
3.	Cb1—c3	Cg8—f6
4.	Fc1—g5	c7—c6
5.	é2—é3	Cb8—d7

La position choisie par les Noirs est appelée : Défense orthodoxe du Gambit de la Dame (cf. aussi chapitre x). Ils se procurent une position solide, mais qui ne donne pas beaucoup de chances de pouvoir prendre en mains le commandement des opérations. Pour être juste, le joueur qui a les Noirs n'a pas le droit d'être si exigeant et comme le début du Gambit de la Dame-Orthodoxe réduit l'avantage du premier trait aux Blancs à un strict minimum, il est compréhensible que cette ouverture compte des adeptes depuis toujours, et même parmi les plus forts.

6. c4×d5 é6×d5

A première vue un échange qui étonne : les Blancs qui ont un petit avantage au Centre (quelque chose comme celui du diagramme 6, page 21, centre-type n° 3), en font l'abandon volontairement et libèrent de ce fait le Fou-dame noir (chapitre x). Pourquoi cette philanthropie ?

Exclusivement pour ouvrir la colonne c ; bien que les Noirs obtiennent en contre-partie la colonne é, l'expérience a prouvé que l'on peut plus facilement opérer le long d'une colonne sur l'aile dame, que sur une colonne centrale. Ce qui se comprend, parce que dans le dernier cas, l'on a souvent besoin des pions de l'aile roi et ces derniers ont un autre rôle à accomplir. Remarquez que la colonne c n'est pas entièrement ouverte mais seulement à moitié, ainsi que la colonne é (cf. chapitre IV).

7. Ff1—d3 Ff8—é7
8. Cg1—f3 O—O
9. Dd1—c2 Tf8—é8
10. O—O Cd7—f8

Finition mutuelle du développement. Les Blancs ont un peu plus de liberté à cause de la position du Fg5, mais les Noirs arriveront bien à porter leurs pièces aux bons endroits.

11. Ta1—b1! (Diagramme 21).

Ici commence la stratégie des colonnes demi-ouvertes. Les Blancs avanceront leur pion b (b2—b4—b5) afin d'attaquer le pion c adverse et d'utiliser ainsi leur colonne é demi-ouverte. Avec a7—a6, les Noirs ne peuvent pas bloquer la marche en avant du pion b, à cause du coup a2—a4, suivi de b4—b5. La stratégie analogue de l'autre côté de l'échiquier demanderait la marche en avant des pions f et g et non seulement les Noirs ne sont pas prêts, mais une telle avance signifierait un affaiblissement important de leur aile roi.

11. .... Cf8—g6
12. b2—b4 Fé7—d6?

Les Noirs s'occupent peu du plan de leur adversaire, même trop peu. C'est ainsi qu'ils auraient dû jouer

Diagramme 21.

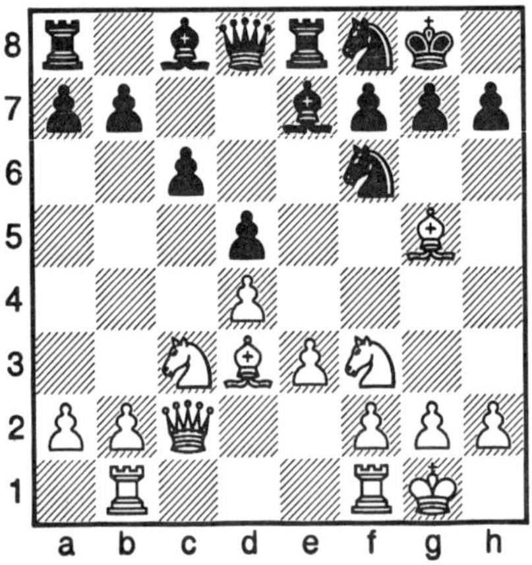

12....a6 et essayer après 13. a4 la réponse 13....Cé4 pour obtenir un peu de jeu combattif.

13. b4—b5! Fc8—d7
14. b5×c6

Maintenant les Noirs ont le choix entre deux maux. Après 14....b×c6, le pion noir reste arriéré (cf. chapitre II) et cette faiblesse compte pour beaucoup dans la balance, surtout du fait que les Blancs peuvent à tout moment éliminer la pièce protectrice Fd7 par leur coup Ff5. Après 14....F×c6, le pion d5 devient faible ce qui peut avoir également des conséquences désagréables, comme la suite des opérations nous l'apprendra.

14. .... Fd7×c6

A première vue la position des Noirs donne une impression acceptable mais ceci est pure fiction.

15. Dc2—b3!

Menace 16. F×f6, et les Noirs seraient obligés de reprendre avec leur pion g pour éviter la perte de d5.

15. .... Fd6—é7
16. Fg5×f6 Fe7×f6
17. Fd3—b5!

Diagramme 22.

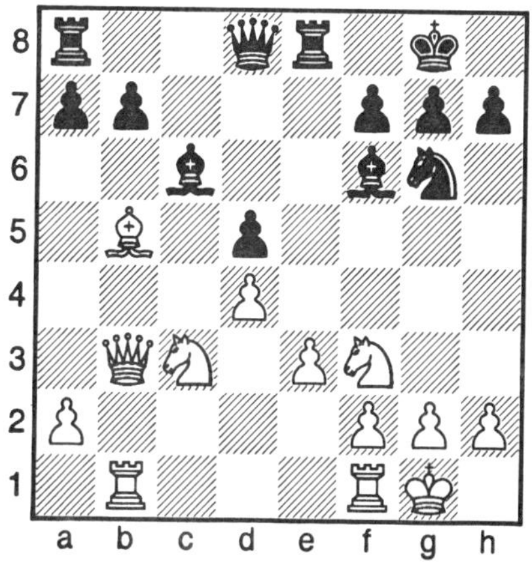

Le clou de la stratégie des Blancs. Les Noirs ne peuvent pas faire l'échange à b5 à cause de 18. D×b5 avec double menace à b7 et d5.

17. .... Dd8—d6
18. Tf1—c1

Déjà les Blancs pouvaient embarrasser leur adversaire d'un pion arriéré avec 18. F×c6, mais ils se réservent cette possibilité.

18. .... h7—h5
19. Cc3—é2

Ce coup permet aux Noirs d'éviter le désagrément d'un pion arriéré. Les Blancs auraient dû continuer par 19. F×c6, b×c6 ; 20. Ca4 ou 20. Cé2.

19. .... h5—h4?

Les Noirs attendent trop de leur attaque sur l'aile

roi, ce qui est d'ailleurs un acte de désespoir, et négligent la possibilité d'obtenir une position tenable en jouant 19. F×b5 ; 20. D×b5, b6. Après 21. Tc6, Dd7, le coup 22. Tbc1 n'est plus à recommander à cause de 22. . . . Cé7 et quoique les Blancs disposent de fortes possibilités, un examen profond de la situation a prouvé que le désavantage du pion isolé d est encore supportable.

20. Fb5×c6 b7×c6

Diagramme 23.

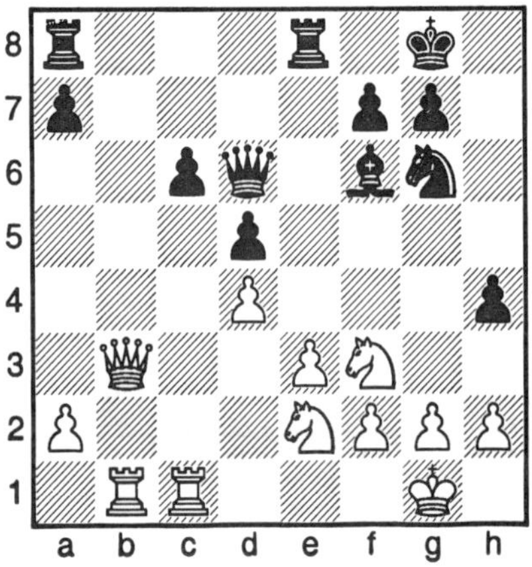

Les Blancs ont atteint le point idéal de leur stratégie de colonne mi-ouverte : un pion noir arriéré à c6 (chapitre II). La case c5 est solidement contrôlée par les Blancs, de sorte que la poussée c6—c5 doit être considérée comme une affaire de longue haleine.

21. Db3—a4 Cg6—é7
22. Tb1—b7

Il est évident que l'action le long de la colonne c demi-ouverte conduit à l'ouverture de la colonne b pour les Blancs. De sorte que si les Noirs avaient compris la poussée a7—a6 dans leurs opérations (et les Blancs donc a2—a4), ils auraient obtenu l'ouverture de la colonne a pour leur Tour, ce qui aurait signifié une certaine compensation pour la perte de la colonne b.

Par le coup du texte, les Blancs s'introduisent à la 7e rangée, la façon usuelle de tirer profit d'une colonne ouverte : en dehors des actions verticales il faut également des actions horizontales (chapitre v).

22.	a7—a5
23. h2—h3	Té8—b8
24. Tc1—b1	Tb8×b7
25. Tb1×b7	c6—c5

Équivaut à l'abandon d'un pion, mais les Noirs n'ont plus de bonne continuation. Pratiquement toutes leurs pièces sont vouées à la non-activité.

26. Tb7—b5!

Diagramme 24.

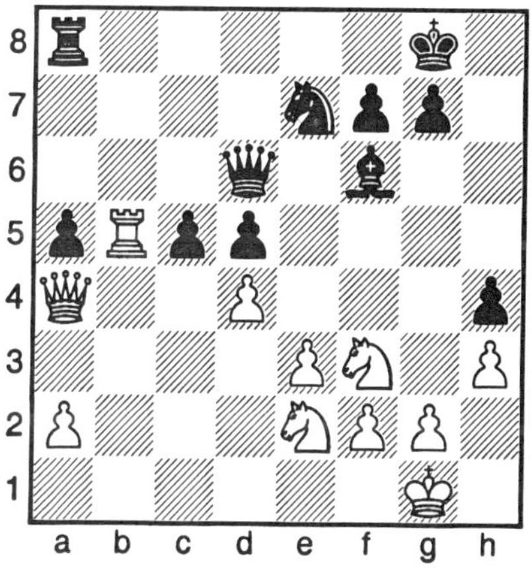

Le pion a noir est impossible à conserver. A nouveau nous voyons ici l'action horizontale de la Tour sur une colonne ouverte.

26.	c5×d4
27. Ce2×d4	Ta8—c8

Après 27. . . . Dc7 suivrait 28. Cb3 avec prise de a5.

28. Cd4—b3

Les Noirs menaçaient de Tc1, échec et mat.

28. .... Ff6—c3

La défense du pion a conduit à la perte du pion h.

29. Da4×h4

Et non 29. C×a5?, Da6 (menace de 30....Fa8). 30. Tb7, F×a5 ; 31. T×c7 à cause de 31....Tc1+ ; 32. Rh2, Fc7+ ; 33. T×c7, Dd6+ avec gain de la qualité pour les Noirs.

29. .... Tc8—c4
30. g2—g4

Avec un pion de plus, les Blancs gagnent facilement, leur position étant nettement supérieure.

30. .... a5—a4
31. Cb3—d4 Fc3×d4
32. Cf3×d4 Dd6—é5

Menace de 33....Tc1+, Rg2, De4+, mais les Blancs peuvent se défendre agressivement, parce qu'ils disposent eux-mêmes de menaces.

33. Cd4—f3!

Diagramme 25.

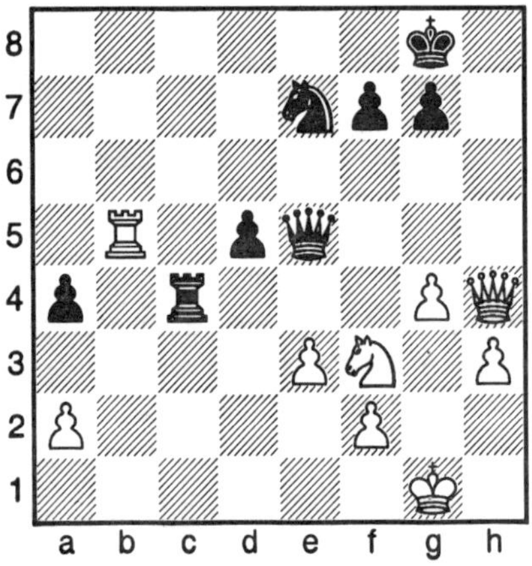

Maintenant 33....Tc1+ ; 34. Rg2, Dé4 échoue à cause de 35. Tb8+, Cc8 ; 36. Dd8+ gagnant la pièce.

33. .... Dé5—d6
34. Tb5—a5 Tc4—c8

D'autres défenses contre 35. Ta8+ étaient également insuffisantes, d'autant plus que les Blancs ont encore le coup Cg5 en réserve.

35. Ta5×a4

Ce qui suit n'a plus d'importance.

35. .... Cé7—g6
36. Dh4—h5 Dd6—f6
37. Dh5—f5 Df6—c6
38. Ta4—a7 Tc8—f8
39. Ta7—d7 d5—d4
40. Td7×d4 Tf8–a8
41. a2—a4

Les Noirs abandonnent; car après 41....T×a4; 42. Td8+, Cf8; 43. D×f7+, R×f7 ; 44. Cé5+, les Blancs arrivent en finale avec 3 pions de plus que leur adversaire.

Partie N° 6.

Jouée au Tournoi de Plymouth, 1948.

Blancs : Dr. Euwe.
Noirs : F. Kitto.

Nimzo-Indienne, système de Zürich.

1. d2—d4 Cg8—f6
2. c2—c4 é7—é6
3. Cb1—c3 Ff8—b4
4. Dd1—c2 Cb8—c6
5. Cg1—f3 d7—d6

Cf. aussi la partie n° 3, où les Noirs continuent par 5....O—O, coup moins fort.

6. Fc1—d2

Avec l'intention de forcer le Fou noir à prendre une décision par a2—a3, bien que le coup immédiat 6. a2—a3 eût été possible, mais après la réponse 6....F×c3+, les Blancs auraient été obligés de reprendre avec leur Dame en perdant le contrôle sur la case é4, ce qui aurait pu ouvrir des nouvelles possibilités pour les Noirs par un prochain Cé4 suivi de f5.

6.	O—O
7. a2—a3	Fb4×c3
8. Fd2×c3	

Maintenant que les Blancs ont su conserver leurs deux Fous (chapitre III) il va falloir créer des situations où les Fous jouent le premier rôle, c'est-à-dire que les Blancs vont essayer de s'ouvrir des diagonales le long desquelles les Fous puissent exercer une pression certaine — en un mot ils cherchent une partie ouverte.

8. .... Dd8—é7

préparant é6—é5, idée de cette variante. Néanmoins, la Dame noire à é7 n'est pas sur une bonne case et il aurait fallu jouer ici 8....Tf8—é8, comme nous le verrons par la suite.

9. b2—b4

Par ce coup les Blancs commencent déjà à inquiéter le Cc6 ; le temps presse !

9. .... é6—é5

Juste à temps, une fois le Cc6 chassé, le coup é6—é5 n'eût pas été possible. En regardant la situation de près, nous remarquerons les caractéristiques de la variante de Zürich, à savoir :

1) pour les Noirs :

Ils ont créé un Centre selon la couleur de leur Fou — le Fc8 a une diagonale ouverte, et se trouve donc mieux placé que dans le Gambit ordinaire de la Dame (chapitre x). Les autres pièces occupent également des places satisfaisantes, et le développement se trouve légèrement en avance sur celui des Blancs.

Diagramme 26.

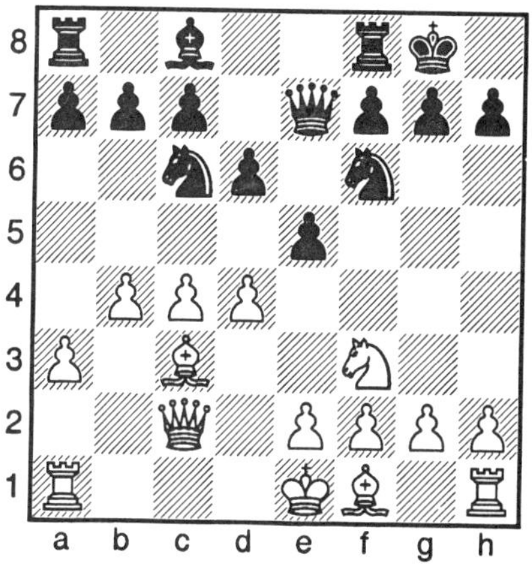

2) pour les Blancs :

Examinons les coups possibles que les Blancs peuvent jouer en réponse au dernier coup des Noirs.

a) 10. d5 n'est pas à retenir. La position serait cadenassée, les deux Fous resteraient enfermés.

b) 10. é3 n'est pas à recommander non plus. Les Noirs répondraient par é5—é4, donnant à nouveau un caractère fermé à la partie.

c) 10. b5, après 10. . . . C×d4 ; 11. C×d4, é×d4 ; 12. F×d4, conduit à une partie ouverte où les Fous pourront jouer, mais les Noirs par leur avance de développement pourraient inquiéter les Blancs par 12. . . . Cé4 (pour faire suivre par Ff5) ; 13. f3?, Dh4+ ; 14. g3, C×g3 ; 15. Ff2, Df6, etc.

d) 10. d×é5, coup correct, donnant du jeu aux deux Fous sans risques, ce qui se révèlera par la suite.

10. d4×é5!

La force de ce coup se trouve dans le fait que les

Noirs ne peuvent répondre par 10. . . . d×é5, à cause de 11. b5! et les Blancs gagnent au moins un pion ou la qualité (par ex. après 10. . . . d×é5?, 11. b5, é4 ; 12. b×c6, é×f3 ; 13. Fb4).

10. . . . . Cc6×é5
11. é2—é3

Même après 11. C×é5, d×é5, les Blancs auraient eu une position satisfaisante, mais le coup du texte est plus fort, parce que la diagonale du Fc3 reste ouverte — c'est-à-dire n'est pas bloquée par des pions. Par ailleurs les Blancs ne craindront pas la prise à f3, puisque cette prise augmenterait le caractère ouvert de la partie et augmenterait l'efficacité des Fous blancs.

11. . . . . Fc8—g4

A retenir également 11. . . . Fd7, puis 12. . . . Fc6 afin d'occuper é4. Pour bloquer les Fous, mieux vaut occuper autant de cases centrales que possible.

12. Ff1—é2 Fg4×f3?

Ce coup est à l'encontre de l'idée défensive du début. Premièrement les Noirs ouvrent le jeu, deuxièmement ils abandonnent leur unique Fou et dans une lutte contre deux Fous, un Fou et Cavalier ont plus de valeur que deux Cavaliers. Était correct : 12. . . . Fh5 suivi éventuellement de Fg6 et de l'occupation de e4.

13. g2×f3 Dé7—é6
14. Th1—g1!

Seulement à présent il devient clair que les Noirs se sont fait un tort considérable en jouant leur 12e coup sans réfléchir. Bien que les Blancs n'aient pas encore terminé leur développement, leur force d'attaque est déjà si importante, que leurs pièces menacent toutes seules la forteresse ennemie du Roi. Par ex. : 14. . . . C×c4? ; 15. F×c4, D×c4 ; 16. F×f6!!, D×c2 ; 17. T×g7+, Rh8 ; 18. Tg1 mat. Deux Fous en finale donnent déjà une force mais lorsqu'ils sont soutenus par des Tours, ils deviennent invincibles.

Diagramme 27.

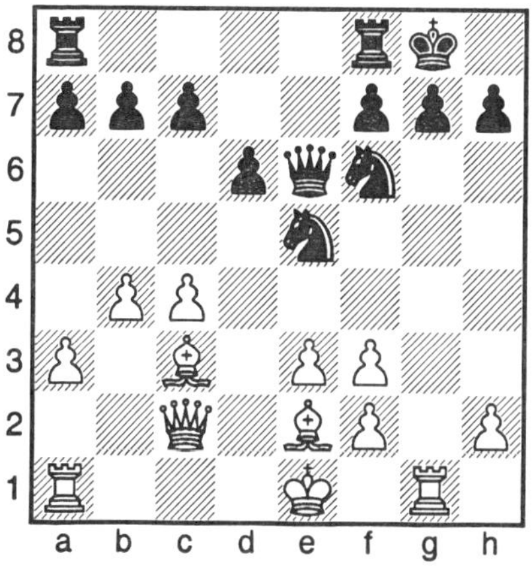

14. .... Cf6—é8

Un bon coup de défense, avec lequel les Noirs défendent d'abord g7, et rendent ensuite l'avance f7—f6 possible, ce qui érige un mur de béton contre le feu de mitraille du Fou c3.

15. f3—f4

Un important élément de la stratégie des deux Fous : coups de pions afin de chasser les Cavaliers, enlevant ainsi leur rayon d'action à ces pièces « myopes ». Fous et pions dominent maintenant un grand champ d'explosifs, sur lequel aucun Cavalier ennemi ne peut se risquer.

15. .... Cé5—d7

Après 15....C×c4 ne doit pas suivre 16. F×c4?, D×c4 ; 17. F×g7!, D×c2 ; 18. Ff6+ et gagnent parce que la diagonale c2–g6 est bloquée maintenant.

16. O—O—O

La manière la plus simple pour mobiliser aussi la deuxième Tour.

16. .... a7—a5

Les Noirs essayent d'entreprendre une contre-offensive, mais leurs moyens ne sont plus suffisants. D'autre part, il n'était pas possible de trouver un système de défense adéquat. Après par ex. 16. . . . f6 aurait suivi 17. Fd3. D'ailleurs la force des deux Fous est facile à expliquer : l'obstruction d'un des Fous donne de l'activité à l'autre. Une double rangée de pions seulement formerait une défense absolue contre deux Fous.

17. Td1–d5

Pour faire participer la seconde Tour à l'action.

17. . . . . Cd7—f6
18.Td5—g5

Bien entendu 18. T×a5 n'est pas à retenir, à cause de 18. . . . T×a5 ; 19. b×a5, Cé4 et les Noirs reprennent haleine.

18. . . . . a5×b4
19. a3×b4 Cf6—é4

Diagramme 28.

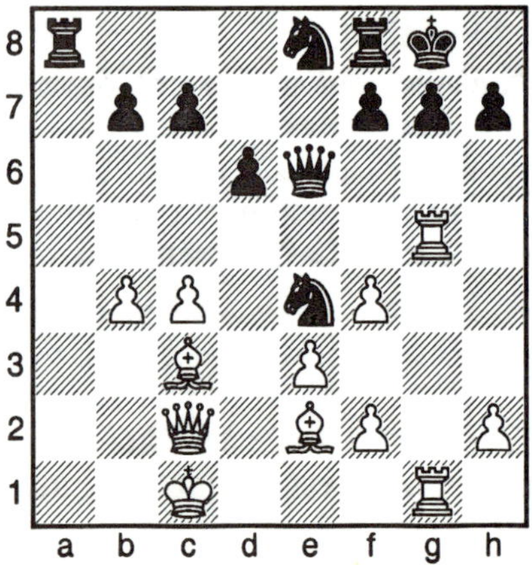

Suicide, mais que peuvent-ils jouer autrement ?

Examinons successivement :

1) 19. . . . . Dé4? ; 20. T×g7+, C×g7 ; 21. T×g7+.

1*a*) 21. ....R×g7; 22. D×é4, etc.
1*b*) 21. ....Rh8; 22. F×f6, etc.
2) 19. ....g6; 20. f5, Dé7 (20....Dé4; 21. Fd3 coûte un temps aux Noirs); 21. Fd3, Cg7; 22. f×g6, f×g6; 23. F×g6, h×g6; 24. D×g6, Tf7; 25. F×f6 et les Blancs ont deux pions d'avance et une forte position.
3) 19. ....c6; 20. T×g7+!, C×g7; 21. Db2, Cfé8 (autrement les deux Cavaliers sont perdus); 22. F×g7, f6; 23. F×f6+, Rf7; 24. Fh5 mat. Surtout cette variante montre toute la force d'attaque de Fous et Tours combinés.
4) 19. ....Ta6; 20. T×g7+, C×g7; 21. Db2, d5; 22. c×d5, suivi de 23. F×a6, etc.
5) 19. ....h6; 20. T×g7+ avec liquidation analogue.

20. Tg5×g7+

sans commentaire.

20.	Cé8×g7
21. Tg1×g7+	Rg8—h8
22. Tg7×f7+	

Les Noirs abandonnent. — 22....Cf6 devient impossible, à cause de D×h7 mat, cependant que 22....Rg8; 23. Tg7+, Rh8; 24. Té7+ coûterait la Dame.

Partie N° 7.

Jouée à Swerslovsk, 1943.

Blancs : M. Botvinnik.
Noirs : V. Smyslov.

Partie des trois Cavaliers.

1. é2—é4	é7—é5
2. Cg1—f3	Cb8—c6
3. Cb1—c3	Ff8—b4

Une autre variante de la Partie des trois Cavaliers, et notamment la variante russe, que l'on obtient après 1. é2—é4, é7—é5, Cg1—f3, Cg8—f6, 3. Cc3, Fb4 est davantage à recommander, parce que dans cette variante le coup suivant 4. Cd5 devient inoffensif.

4. Cc3—d5!

Réfute Fb4, à moins que les Noirs n'autorisent l'échange de ce Fou. Cependant, il ne faut pas surestimer le gain d'un temps dans cette phase de la partie, parce que la position avancée du Cavalier conduit facilement aux échanges, qui font perdre ce bénéfice.

4. .... Fb4—é7

Ce coup n'a pas l'air d'être le meilleur : les Noirs perdent un temps et n'évitent pas l'échange du Cavalier contre leur Fou. Il faut reconnaître toutefois qu'il y a une différence entre la prise à b4, par laquelle le Cavalier Cc6 serait désaxé et une prise à é7, qui améliore le développement des Noirs.

5. d2—d4 d7—d6

Centre-type n° 3, diagramme 6.

6. Ff1—b5

La position ainsi atteinte ressemble beaucoup à la variante Steinitz de la partie Espagnole, (cf. chapitre IV), avec cette différence, que le Cavalier blanc se trouve à d5 au lieu de c3. Ceci donne des avantages, ainsi que des inconvénients.

6. .... Fc8—g4

Si le Cavalier avait été placé à c3, cette continuation agressive n'aurait pas été possible à cause de 7. d5!, a6 ; 8. Fa4, b5 ; 9. C×b5 ; a×b5 ; 10. F×b5 et les Blancs gagnent au moins un pion.

7. d4×e5

Une autre manière de diminuer la pression sur d4 aurait été 7. c3 après quoi les Noirs par Cf6 ou Ff6 auraient pu continuer leur action contre le Centre des Blancs. Botwinnik qui en général n'aime pas les situations confuses au Centre fait ici une petite concession (parité au Centre) afin de pouvoir tirer profit de la position du Cd5.

7. .... d6×é5
8. h2—h3 Fg4—d7

8....Fh5 aurait coûté un pion après 9. g4, Fg6 ; 10. C×é5.

9. Dd1—é2 Cg8—f6
10. Fc1—g5

Les Blancs ont maintenant une supériorité de terrain manifeste et les Noirs auraient mieux fait d'y prêter attention.

10. .... O—O?

Les Noirs ont laissé passer l'occasion de tirer profit de la position avancée du Cavalier d5 et leur dernier coup leur en fait subir seulement les inconvénients. Il aurait été correct et nécessaire de le prendre par ex. 10....C×d5 ; 11. é×d5, F×g5 ; 12. d×c6, b×c6 ; 13. D×é5+ (13. C×é5, O—O est dangereux pour les Blancs) ; 13.....Dé7 ; 14. D×é7+, F×é7 ; 15. Fd3 et bien que les Blancs aient une meilleure position de pions — les Noirs ont un autre atout, celui de posséder encore les deux Fous, cf. chapitre III, diagramme 28.

11. Fg5×f6

Afin d'empêcher cette liquidation.

11. .... Fé7×f6
12. O—O—O!

Avec la menace 13. C×f6+ obligeant les Noirs à reprendre avec le pion.

12. .... Fd7—é6

Mettant le Fou en sécurité.

13. Fb5×c6 b7×c6
14. Cd5×f6+ Dd8×f6

Diagramme 29.

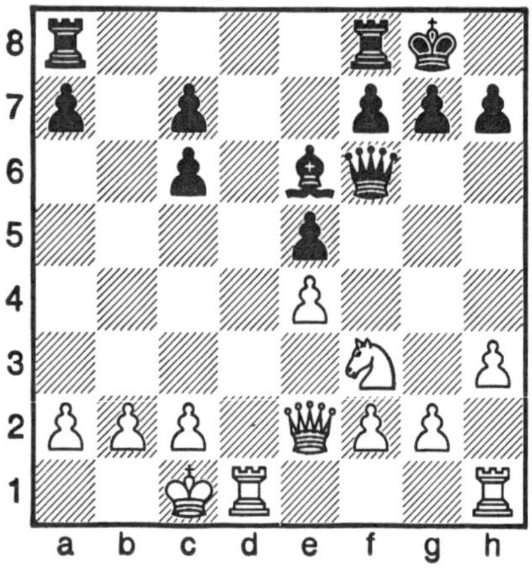

La situation s'est enfin éclaircie, nous sommes en plein dans notre exposé du chapitre III et maintenant le problème se pose ainsi :

Quelle compensation les Noirs ont-ils pour leur pion doublé isolé (diagramme 27, 28 ou 29) ? Une chose est certaine : sans les Dames le joueur qui a les Noirs n'aurait aucune compensation du tout et sa seule chance réside dans ses possibilités d'attaque le long de la colonne b.

Ces possibilités ne sont pas évidentes d'un simple coup d'œil, et il est remarquable que BOTVINNIK ait su y mettre obstacle avant que son adversaire ait commencé seulement à exploiter cette colonne.

15. Dé2—é3!!

Coup incroyablement fort et qui prouve que BOTVINNIK a une vue très profonde sur des positions de ce genre.

Examinons d'un peu plus près la position :

15....F×a2; 16. b3 (quoi d'autre ?); 16....a5; 17. Rb2, a4; 18. R×a2, a×b3+

1) 19. R×b3, Tfb8+ ; 20. Rc3, Ta3+, etc.

2) 19. Rb2, b×c2; 20. R×c2, Ta2+ ; 21. Rb1, Tfa8; 22. Dc3, Dé6.

Nous pourrions continuer ainsi et constater que les Blancs dans ces conditions ne possèdent pas les meilleurs atouts.

Mais alors, quelle est l'intention des Blancs ? Pourquoi le coup 15. Dé2—é3 est-il si fort ?

Nous allons vous le dire : 15....F×a2 ; 16. b3, a5 et maintenant 17. Dg5!. Si à présent les Noirs admettent l'échange des Dames avec 17....a4, alors il suit 18. D×f6, g×f6 ; 19. Rb2, a×b3 ; 20. a×b3 et le Fou noir sera lentement conquis. Si les Noirs évitent l'échange par 17....De6, il suit 18. D×é5, Dc8 ; 19. Db2 et le Fou noir est immédiatement confisqué. Ces dernières variantes sont faciles à calculer, seulement il fallait y penser.

15. .... Tf8—b8

Les Noirs en jouant h7—h6, auraient pu empêcher le défi de la Dame blanche à g5, mais alors les Blancs auraient gagné un pion par 16. Dc5.

16. a2—a3

Voilà que les Blancs ne jouent pas 16. Dg5! Sans doute craignaient-ils des complications de finale telles que : 16....F×a2 ; 17. D×f6, g×f6 ; 18. b3, F×b3 ; 19. c×b3, T×b3. La présence de toutes les Tours augmentent souvent les chances de nullité.

16. .... Tb8—b5

Maintenant le coup 16. h7—h6 aurait été réfuté par 17. Dc3. Après le coup du texte les Noirs menacent de jouer h7—h6, mais les Blancs ne leur permettent plus de faire ce coup.

17. Dé3—g5!

Comme nous l'avons remarqué plus haut, l'échange des Dames enlèverait aux Noirs les possibilités de contre-attaques en compensation de leur chaîne de pions affaiblie.

17. .... Ta8—b8
18. b2—b3 h7—h6

En faisant l'échange eux-mêmes, les Noirs se seraient

embarrassés de nouvelles difficultés : 18....D×g5; 19. C×g5, et après la prise à é6 la Tour blanche peut pénétrer sur le terrain de l'adversaire à d7.

19. Dg5×f6 g7×f6

Diagramme 30.

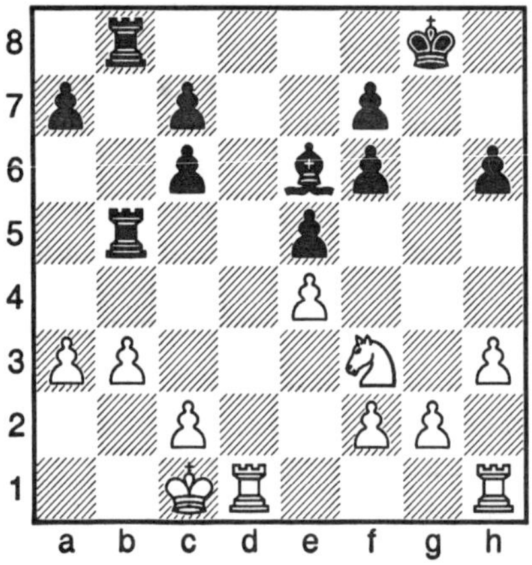

La première phase de la partie est terminée. Pour les Blancs il s'agit maintenant de concrétiser l'avantage positionnel, ce qui dans le cas qui nous occupe, ne paraît pas être difficile.

20. Td1—d3!

D'une part pour doubler les Tours, d'autre part pour activer l'action des Tours horizontalement (chapitre v). Ch4 était à retenir également pour empêcher la « dissolution » du pion doublé f. Le coup du texte toutefois conduit directement au but : le siège de c6.

20. .... f6—f5

Un coup correct, qui mène à l'échange du pion doublé f et procure au Fou noir un nouveau terrain d'activité.

21. é4×f5 Fé6×f5

La liquidation 21....é4; 22. Tc3, é×f3 (22....F×f5;

23. Cd4) ; 23. f×é6, f×g2 ; 24. Tg1, Tg5 ; 25. Tg3 coûte un pion.

1) 25. ....T×g3 ; 26. é×f7+, R×f7 ; 27. f×g3, etc.

2) 25. ....f×é6 ; 26. T×g5+, h×g5 ; 27. T×g2, Tb5 ; 28. f4, etc.

22. Td3—c3 Ff5—d7

Après 22....Tb8—b6 suit 23. Td1 et la pénétration de cette Tour ne peut plus être empêchée, 23....Td5 coûterait deux pions.

23. Th1—d1 Fd7—é8
24. a3—a4 Tb5—a5

La seule case qui reste. On voit déjà comment les Noirs ont pieds et mains liés, par suite de leur mauvaise chaîne de pions.

25. Cf3—d2

Crée de nouvelles possibilités, non seulement pour le Cavalier (c4 et é4) mais aussi pour la Tc3 (f3 et g3).

25. .... Ta5—d5

Les Noirs en profitent pour amener leur Tour sur la colonne d.

26. Cd2—é4

En premier lieu menace de 27. Cf6+

26. .... Td5×d1+

26....Rg7 ; 27. Tg3+, Rf8 ; 28. Cf6, T×d1+ ; 29. R×d1 conduit à la suite de la partie.

27. Rc1×d1 Tb8—d8+
28. Rd1—é2

Maintenant une nouvelle menace avec gain de pions se présente :

29. Cf6+ suivi de 30. C×é8 et 31. T×c6.

28. .... Rg8—g7
29. Tc3—g3+ Rg7—f8

29....Rh8 aurait été une faute grossière : 30. Cf6 (menace de mat).

30. . . . Fd7 ; 31. Td3 avec gain de pièce.

30. Cé4—f6

Diagramme 31.

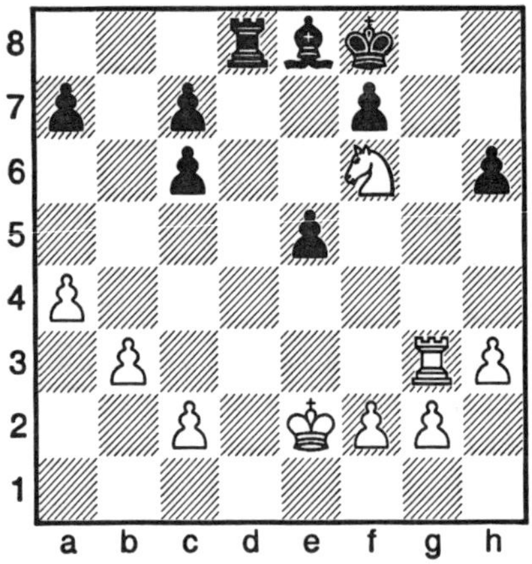

Par cet exemple nous voyons très bien la force horizontale de la Tour. Le point culminant de la lutte est rapidement changé d'un côté à l'autre et le défenseur n'arrive plus à suivre la cadence.

Les Noirs ont maintenant deux issues :

1) 30. . . . c5, et les Blancs répondent par : 31. Tg8+ et 32. T×é8+ avec une finale de pions analogue à celle traitée dans le chapitre III.
2) 30. . . . Ré7 et les Blancs répondent par 31. Cg8+ gagnant un pion.

« Un choix difficile », pense sans doute le lecteur ! Non pas !, le maître qui a de la routine, sait qu'une finale avec pions doublés isolés, conduit inévitablement à la perte de la partie, il choisit donc sans hésitation la deuxième solution. Pour nous il importe toutefois d'examiner soigneusement cette finale de pions :

30. . . . c6–c5 ; 31. Tg3–g8+, Rf8–é7 ; 32. Tg8×é8+, Td8×é8 ; 33. Cf6×é8, Ré7×é8 ; 34. Ré2—d3

Ré8—d7 ; 35. Rd3—é4! (35. Rc4 gagne aussi, mais moins systématiquement, 35....Rd7—é6 (Diag. 32).

Diagramme 32.

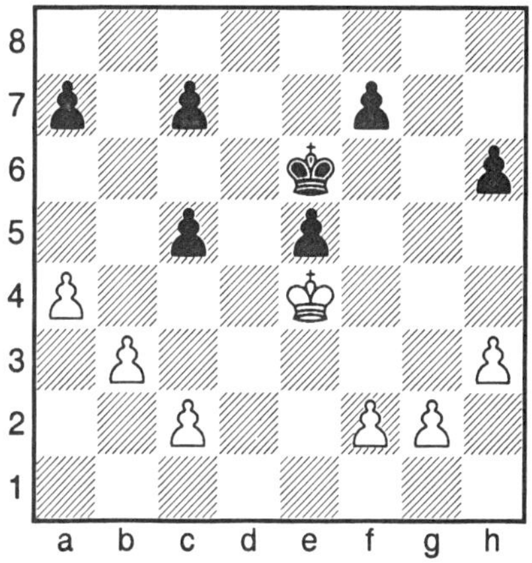

36. g2—g4

Pour empêcher que le Roi blanc soit chassé de sa position centrale. En premier lieu on doit mesurer la liberté de mouvements du Roi noir. Supposons : 36....Rd6 ; 37. Rf5, Rd5 ; 38. h4, Rd4 ; 39. g5, h×g5 ; 40. h5 et gagne. Examinons ensuite 36....Rf6 ; 37. Rd5, Rg5 (les Noirs ne doivent pas retarder ce coup, car après 38. h4, ils auront bientôt un retard de « tempi ») ; 38. R×é5, Rh4 ; 39. f4, R×h3 ; 40. g5, h×g5 ; 41. f×g5, Rg4 ; 42. Rf6, Rf4 ; 43. c4, Rg4 ; 44. R×f7, R×g5 ; 45. Re6, etc.

Le Roi noir ne peut donc pour le moment faire aucun mouvement, à moins que la case d5 ne soit enlevée au Roi blanc.

36. ....c7—c6

37. h3—h4

Maintenant 37....Rd6 est à nouveau une faute à cause de 38. Rf5, tandis que 37....Rf6 échoue sur 38. Rd3 suivi de 39. Rc4! donnant une rapide procédure gagnante (les Blancs ont trois coups en réserve c3, f3 et h5).

Le Roi noir est toujours dans l'inactivité et s'il ne se décide pas à intervenir, la partie sera vite terminée par 37. . . . a5 ; 38. f3!, f6 ; 39. c4, Ré7 ; 40. Rf5, Rf7 ; 41. h5, etc.

Mais les Noirs disposent encore d'une ressource caractéristique pour ce genre de finales, de sorte qu'ils peuvent rendre la victoire de leur adversaire un peu plus dure à obtenir :

37. . . . . c5—c4
38. b3 × c4

De cette manière les Noirs ont enlevé la case c4 aux Blancs tout en embarrassant ceux-ci d'un pion doublé.

38. . . . . Ré6—f6!

Maintenant le Roi noir se met subitement en action.

39. g4—g5+ h6 × g5
40. h4 × g5+ Rf6—é6

40. . . . . R × g5 ; 41. R × é5 ne donne rien aux Noirs ; le Roi blanc marche vers le pion c noir et les Blancs arrivent à la promotion les premiers.

41. a4—a5 a7—a6
42. f2—f3!

Les Blancs doivent soigneusement conserver le « tempo » c2—c3 pour s'en servir plus tard.

42. . . . . f7—f6

Après 42. . . . Rd6 la réponse 43. Rf5 donne facilement la victoire (conquête du pion f) et après 42. . . . c5 ; 43. c3, f6 ; 44. g × f6, R × f6 ; 45. Rd5, Rf5 ; 46. R × c5, Rf4 ; 47. Rd5 la partie est également gagnée.

43. g5 × f6 Ré6 × f6
44. f3—f4 é5 × f4
45. Ré4 × f4 Rf6—é6
46. Rf4—é4 Ré6—d6
47. Ré4—d4

Les Blancs ont l'opposition, mais ceci n'est pas suffisant, il leur faut encore un « tempo » (c2—c3).

47. .... Rd6—d7

ou 47....c5+ ; 48. Ré4, Ré6 ; 49. c3!, Rd6 ; 50. Rf5, etc.

48. Rd4—c5 Rd7—c7

49. c2—c3!

et gagnent.

Botvinnik et Smyslov ont-ils calculé tout cela à l'avance ?

Pas du tout. Tous les deux savaient seulement que la position telle quelle renfermait une possibilité de gain. Cette science, appelons-la : expérience, intuition ou, si vous voulez, « sentiment positionnel ».

Retournons maintenant au diagramme 31 et continuons la partie.

30. .... Rf8—é7

Mieux vaut un pion en moins avec de petites chances que l'égalité en matériel sans chance aucune.

31. Cf6—g8+ Ré7—é6
32. Cg8×h6 f7—f5
33. Tg3—g7

Les Blancs conservent toujours l'initiative dans l'attaque. Ce n'est qu'une question d'échange des Tours au bon moment, bien entendu.

33. .... Fc8—d7
34. Tg7—g6+ Ré6—d5

Même après 34....Ré7 le coup 35. g4 était fort.

35. g2—g4 f5—f4
36. Tg6—g8!

Cet échange est basé sur la possession de deux pions passés liés.

36. .... Td8×g8
37. Ch6×g8 Rd5—d4

Non pas 37....é4 à cause de 38. Cf6+.

38. Cg8—f6 Fd7—c8
39. f2—f3

Il est très important d'empêcher le coup é5—é4 afin d'enlever toute chance de contre-attaque.

39. .... Rd4—c3
40. h3—h4!

Les Noirs abandonnent, ils ne peuvent d'aucune manière bloquer le pion h passé. (40....R×c2; 41. h5, Fa6+ ; 42. Rf2, Fd3 ; 43. Cé4!, etc.).

Partie N° 8.

Tournoi de Saltsjöbaden, 1948.

Blancs : G. Stolz.
Noirs : V. Ragozine

Début Nimzo-Indien.

1. d2—d4 Cg8—f6
2. c2—c4 é7—é6
3. Cb1—c3 Ff8—b4
4. é2—é3

Cf. les parties 3 et 6, où les Blancs jouent 4. Dc2. Le coup du texte nous montre que les Blancs ne se soucient guère d'un pion doublé, que les Noirs pourraient leur créer à c3, étant donné qu'ils conserveraient leurs deux Fous.

Il est très important dans une partie de pouvoir faire contre-balancer ces deux facteurs. Pour cela il est nécessaire de connaître exactement la valeur des deux éléments et de pouvoir juger dans quelles conditions l'un des éléments (pion doublé) pourrait contre-balancer l'autre élément (la conservation des deux Fous).

4. .... c7—c5

Autrefois on jouait presque toujours 4....d5, coup entâché de difficulté pour la raison qu'après 5. a3, F×c3+ ; 6. b×c3, les Blancs ne sont pas embarrassés d'un pion vraiment doublé, puisqu'ils peuvent dédoubler ce pion par un échange plus tard et à tous moments.

Par le coup du texte les Noirs se réservent encore l'échange à c3.

5. Ff1—d3 Cb8—c6
6. Cg1—é2

Un coup joué très souvent dans cette variante, et par lequel les Blancs évitent le doublement de leur pion. Toutefois le Cavalier blanc est légèrement moins bien placé à é2 qu'à f3 où il contrôlerait la case é5.

6. .... O—O
7. O—O d7—d6

Stratégie identique à la variante de Zürich (voyez partie nº 3), où les Noirs préparent la formation d'un centre d6—é5, mais où par contre le Fou b4 va jouer un rôle effacé, gêné qu'il est par ses propres pions centraux — à peu près comme le Fou-dame noir dans le chapitre x.

Le coup 7....d5 était préférable et aurait donné un complet équilibre au centre (quelque chose comme 2 1/2 à 2 1/2, cf. les centres-types du chapitre I).

Remarquez que 8. a3 trouverait sa réponse en 8. ....c×d4! et maintenant :

soit 1) 9. é×d4, d×c4 ; 10. F×c4, Fé7 avec un jeu satisfaisant pour les Noirs (centre-type nº 6, diagramme 9, page 24) ;

soit 2) 9. a×b4, d×c3 ; 10. b×c3, d×c4 ; 11. F×c4, Dc7 et les Noirs ont une compensation pour leurs deux Fous, en ce sens que le pion c3 peut devenir un pion arriéré sur une colonne ouverte (chapitre II), cependant que ce pion entrave au surplus le développement du Fc1.

8. Cc3—é4

A présent le Fou b4 est momentanément en chômage.

8. .... Cf6×é4
9. Fd3×é4 Fb4—a5?

Permet la liquidation suivante, qui se révèle avantageuse pour les Blancs. Correct était 9....Dc7 (10. Da4?, Fd7).

10. d4×c5	d6×c5
11. Fé4×c6	b7×c6
12. Dd1×d8	Tf8×d8

Diagramme 33.

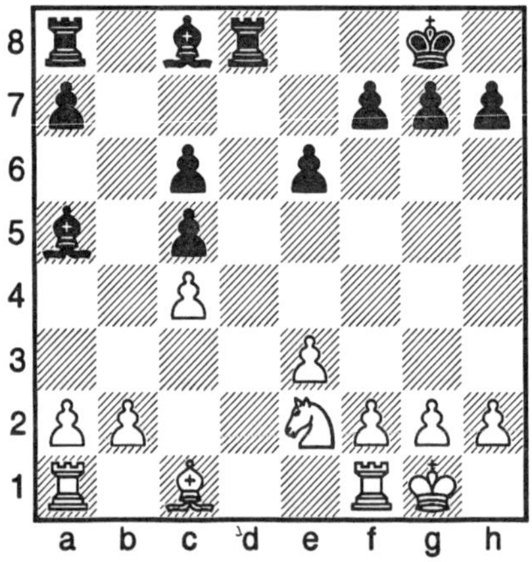

Le thème « pion doublé contre deux Fous » qui semblait jouer le premier rôle, et qui est cependant resté à l'arrière-plan par le 6e coup des Blancs, reprend subitement son actualité et notamment avec des couleurs différentes : ce sont non pas les Blancs, mais les Noirs qui ont le pion doublé et les deux Fous.

On peut déjà constater que les conditions des Noirs ne sont pas les meilleures. D'abord les Fous ne disposent pas de diagonales très longues (c6—c5 barrent passablement la route), ensuite un des pions doublés peut être facilement attaqué par un éventuel Fé3.

13. é3—é4

La préparation de la menace sur c5

13.	é6—é5
14. Fc1—é3	Fc8—g4

Par ce coup les Noirs forcent les Blancs à jouer

f2—f3, ce qui peut avoir son importance, à cause du Fou é3 qui reste non protégé pendant un moment.

15. f2—f3 Fg4—é6

L'attaque sur c5 trouve sa réponse en une contre-attaque sur c4.

16. b2—b3 Fa5—b4

Ce coup n'est pas très convainquant à première vue à cause de a2—a3, mais comme le Fou blanc à é3 n'est pas en sécurité non plus (cf. la remarque après le 14e coup des Noirs) rien de positif ne peut être entrepris par les Blancs momentanément. 17. a3, Td3! ; 18. Rf2 (après 18. a×b4, T×e3 le pion b3 reste menacé) ; 18....Fc3! ; 19. Tad1 (19. C×c3, T×c3 ; ne donnent pas de chance de gain aux Blancs parce que les Fous en présence sont de couleur opposée et que les Tours noires sont mieux postées que les Tours blanches) ; 19....T×d1 ; 20. T×d1, Fd4! et le pion faible des Noirs est solidement plombé (pour parler comme les dentistes).

17. Tf1—d1 f7—f5

Afin d'obtenir pour le Fou é6 soit la diagonale f5—c2 (si les Blancs font l'échange, soit la diagonale g4—é2, si les Noirs font l'échange). Une tactique intelligente des Noirs ; ouvrez la position.

18. Fé3—g5!

Ainsi les Blancs s'accaparent de la colonne —d pour leurs Tours, mais perdent la possibilité de jouer a2—a3.

18. .... Td8×d1+.
19. Ta1×d1 f5×é4
20. f3×é4 Fé6—g4
21. Rg1—f2 Ta8—f8+.
22. Rf2—é3 h7—h6
23. Fg5—e7

Après 23. Fh4 la suite aurait été 23....F×é2 ; 24. R×é2, Tf4!

23. .... Tf8—e8

Ou 23....Tf7 ; 24. Td8+, Rh7 ; 25. Fd6 avec une amélioration de la position des Blancs.

24. Fe7—h4

Maintenant 24. Fd6 aurait été moins bon à cause du clouage 24....Td8.

24. .... a7—a5

Diagramme 34.

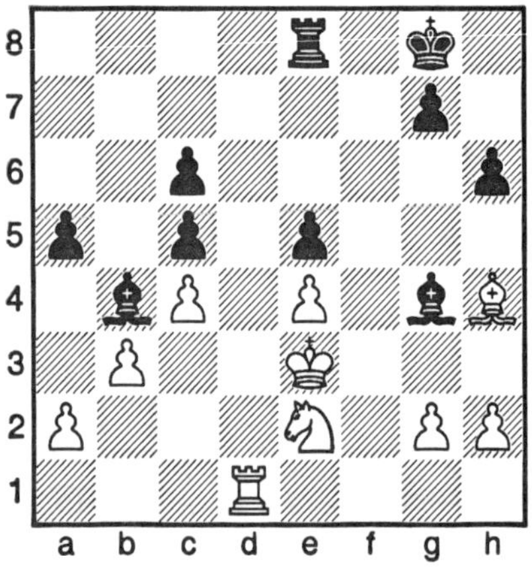

Bien joué ! Entre temps il est devenu clair que les deux Fous ne sont pas en mesure d'exercer leur fonction normalement et les Noirs, constatant qu'une perte de pions est inévitable tôt ou tard, entreprennent maintenant un projet dont l'idée de base est la suivante : Affaiblissement des pions adverses tout en sacrifiant les leurs propres. En embarrassant leur adversaire de pions doublés ou isolés, ces derniers auront besoin de tant de protection que les Blancs ne pourront pas réaliser un avantage quelconque en matériel. Les Noirs veulent donc continuer par a5—a4.

25. h2—h3

Les Blancs auraient pu jouer eux-mêmes a2—a4, mais ceci aurait sérieusement affaibli le pion b3 et aurait signifié l'abandon d'une grande partie de leur avantage.

25.	Fg4×é2
26. Ré3×é2	a5—a4!
27. b3×a4	g7—g5

et non immédiatement 27....Ta8? à cause de 28. Td8+, T×d8 ; 29. F×d8 et la promotion du pion a des Blancs ne peut être évitée qu'en sacrifiant le Fou.

28. Fh4—g3	Té8—a8
29. Td1—d6	

Les Blancs se jettent sur les pions faibles et en attaquent trois à la fois. De l'autre côté les Noirs ne restent pas inactifs.

29.	Ta8×a4
30. Fg3×é5	Ta4×a2+
31. Ré2—f3	g5—g4+

Diagramme 35.

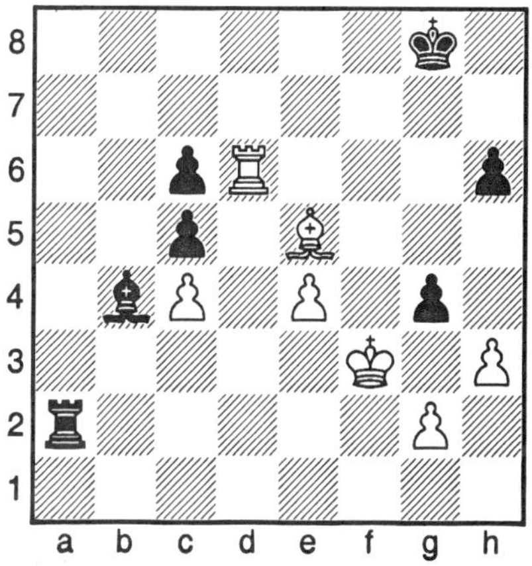

La pointe du plan suivi par les Noirs. Les Blancs ont maintenant le choix entre l'isolement complet de pions doublés ou la perte du pion g2.

32. h3×g4?

Très faible ! Correct était 32. R×g4, T×g2+ ; 33. Rf5. Dans ces finales une position active et même agressive du Roi vaut mieux qu'un pion.

32. .... Fb4—d2
33. Td6×c6

Les Blancs ont déjà pris deux pions et un troisième est prêt à tomber, malgré cela la position des Blancs n'est pas sans fissures : les pions sont tous isolés ou doublés et le Roi est enfermé.

3. .... Ta2×a3+
34. Rf3—é2 Fd2—g5
35. Fé5—f6?

Une seconde faute de principe. Les finales de Tours avec pions isolés donnent beaucoup de chances de nullité au côté le plus faible, bien que ce dernier ait deux pions en moins. Les Blancs devaient pour cette raison ne pas chercher l'échange des Fous, mais les laisser sur l'échiquier et essayer 35. T×c5, Te3+ ; 36. Rf2, T×é4 ; 37. Fg3.

35. .... Ta3—a2+

35. ....Té3+ ; 36. Rf2, T×é4 ; 37. F×g5, h×g5 ; 38. T×c5, T×g4 donnaient déjà de bonnes chances de nullité, mais le coup du texte donne plus de sécurité.

36. Ré2—d3 Ta2—a3+
37. Rd3—c2 Fg5×f6
38. Tc6×f6

Diagramme 36.

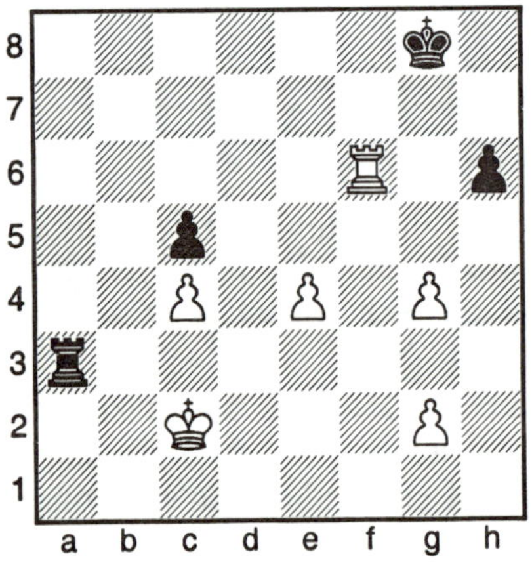

A présent une phase difficile de la partie va commencer : une finale de Tours et des deux côtés exclusivement des pions faibles.

38.	....	Rg8—g7
39.	Tf6—f5	Ta3—é3
40.	é4—é5	Rg7—g6
41.	Rc2—d2	Té3—é4
42.	Rd2—d3	Té4—d4+
43.	Rd3—é3	Td4×g4!

Les Noirs ont pris le bon pion : 43....T×c4 est perdant à cause de 44. é6, Tc1 ; 45. Ré2! et maintenant :

1) 45. ....Ta1? ; 46. é7, Ta8 ; 47. Tf8, etc.
2) 45. ....Tc4 ; 46. Té5!, Rf6 ; 47. é7, etc.
3) 45. ....Tc2+ ; 46. Rd3, Tc1 ; 47. Té5!, Td1+ ; 48. Rc4, Td8 ; 49. é7, Té8 ; 50. R×c5, Rf7 ; 51. Rd6, etc.

44. Tf5—f2

Les Blancs n'ont pas de meilleur coup.

Diagramme 37.

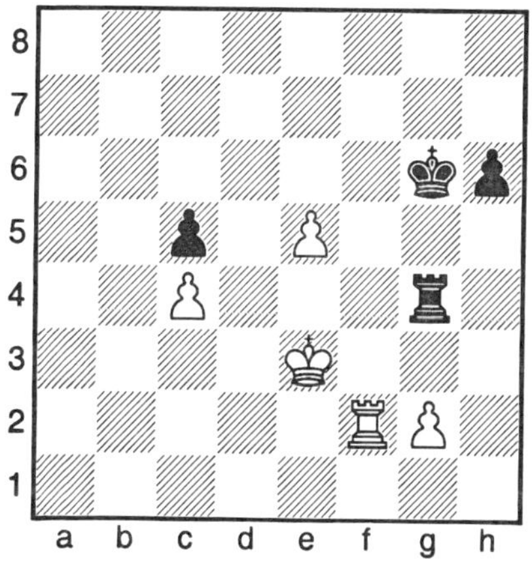

Les Noirs peuvent maintenant forcer la nullité par 44....T×c4! ; 45. é6, Tc1!

1) 46. é7?, Té1+ ; 47. Té2, T×é2+ ; 48. R×é2, Rf7, etc.
2) 46. Rd2, Tc4 ; 47. Rd3, Td4+ ; 48. Ré3, Td6, etc.
3) 46. Ré4, c4 ; 47. Rd5, c3.
3*a*) 48. Té2, Td1+
3*a*1) 49. Rc4, Td8 ; 50. R×c3, Rf6 ; 51. Rc4, Ré7 ; 52. Rc5, Td6 nulle.
3*a*2) 49. Rc6, c2 ; 50. T×c2, Rf6 ; 51. Té2, Ré7 nulle.
3*a*3) 49. Ré5, Td2 ; 50. Té3, c2 ; 51. Tg3+, Rh5 ; 52. Tc3, T×g2, etc.
3*b*) 48. é7, Td1+ ; 49. Rc6, Té1 ; 50. Rd7, Td1+ ; 51. Ré8, Rg7!! (51....Td2 perd ; 52. Tf3, c2 ; 53. Rf8) ; 52. Tf3, c2 ; 53. Tg3+, Rh7! ; 54. Tc3, Td2 ; 55. Rf7, Tf2+, etc.

44. .... Rg6—g7?

Une faute que nous ne comprenons pas. A présent les Blancs gagnent parce qu'ils libèrent leur pion c et améliorent l'activité de leur Roi.

45. é5—é6 Tg4—g6
46. Ré3—é4!

Attaque royale.

Diagramme 38.

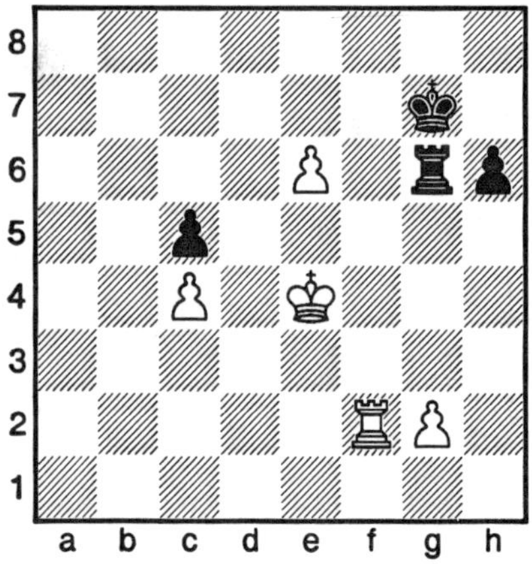

46.	....	Tg6×é6+
47.	Ré4—d5	Té6—é1
48.	Rd5×c5	

Le Roi blanc peut enfin remplir sa fonction dans la finale.

Le pion c avance irrésistiblement ! Il n'y a plus beaucoup de difficultés à surmonter.

48.	....	Rg7—g6
49.	Rc5—c6	Rg6—g5
50.	c4—c5	Rg5—g4
51.	Rc6—c7	Rg4—g3
52.	Tf2—c2	h6—h5
53.	c5—c6	h5—h4
54.	Rc7—b6	Té1—b1+
55.	Rb6—c5	Tb1—g1
56.	c6—c7	Tg1×g2
57.	Tc2—c3+	

Les Noirs abandonnent.

PARTIE N° 9.

Tournoi de Rogaska Slatina, 1948.

Blancs : L. PRINS.
Noirs : A. FUDERER.

Gambit Evans.

1.	é2—é4	é7—é5
2.	Cg1—f3	Cb8—c6
3.	Ff1—c4	Ff8—c5
4.	b2—b4	

Un sacrifice de pion, opération qui comptait de nombreux partisans au bon vieux temps. Le but est simple : les Blancs veulent gagner un temps pour la formation d'un centre c3—d4.

4. .... Fc5×b4
5. c2—c3 Fb4—a5
6. d2—d4 é5×d4

A retenir était 6....d6, par lequel nous aurions vu la création d'un centre-type nº 3, diagramme 6. Par 7. d×é5, d×é5 ; 8. D×d8+, C×d8 ; 9. C×é5 les Blancs peuvent reconquérir leur pion — mais leur position ne sera alors pas si bonne. Le coup usuel est 7. Db3 ou 7. O—O après quoi les Blancs sont obligés de chercher dans l'attaque une compensation pour leur pion sacrifié. Le coup du texte fait gagner un deuxième pion, mais il a cet inconvénient, que les Noirs perdent encore davantage de temps et ceci procure aux Blancs les conditions favorables à une attaque directe sur l'aile roi (chapitre VI : avance de développement).

7. O—O d4—d3

La prise à c3 était beaucoup plus indiquée ; le coup du texte donne trop de liberté aux Blancs pour l'organisation de leurs forces d'attaque. A retenir était également 7....d6, bien que ce coup donne aux Blancs la possibilité de s'attribuer un centre idéal (type nº 2, diagramme 5).

8. Tf1—é1!

Diagramme 39.

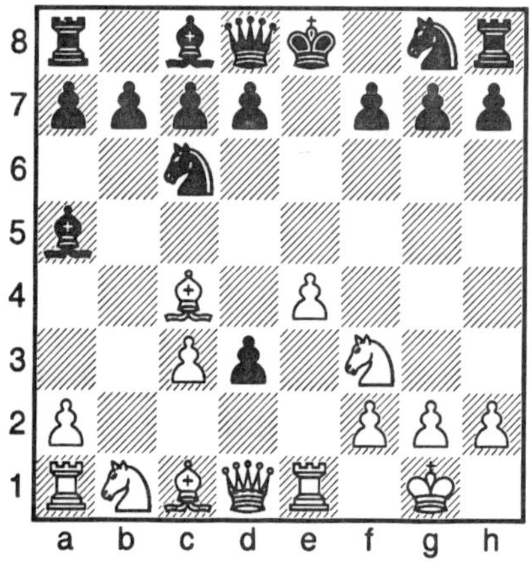

Ce coup s'oppose à l'avance de d7 à d6, voir chapitre VI, premier exemple.

Après 8. . . .d6 suit 9. Db3 et non pas immédiatement 9. é5 à cause de 9. . . .d5, et maintenant :

1) 9. . . . .Dd7 ; 10. é5! avec une attaque victorieuse ; 10. . . . .d×é5 ; 11. C×é5, C×é5 ; 12. T×é5+ coûterait une pièce.

2) 9. . . . .Dé7 ; 10. é5!, d×é5 (10. . . .C×é5 ; 11. C×é5, d×é5 ; 12. Db5 éch. coûte encore une pièce) ; 11. Fa3, Df6 ; 12. C×é5! (12. Cd2 est également très fort) ; 12. . . .C×é5 ; 13. Db5+, Rd8 (ou 13. . . .Fd7 ; 14. D×é5+, D×é5 ; 15. T×é5+ suivi de 16. T×a5) ; 14. D×é5 (14. T×é5, c6 ; 15. D×a5+, b6 n'est pas favorable pour les Blancs) 14. . . . . D×é5, T×é5, Fb6 ; 16. Ff8, etc.

Toutes ces variantes montrent nettement la grande importance d'une avance de développement.

8.	Fa5—b6

8. . . .Cf6 a des inconvénients à cause de 9. é5 et 8. . . .Cgé7 est réfuté par 9. Cg5!, O—O (9. . . .Cé5 ; 10. C×f7, C×f7 ; 11. F×f7+, R×f7 ; 12. Dh5+ et les Blancs regagnent leur pièce) ; 10. Dh5 avec menace double sur f7 et h7.

9. é4—é5!	h7—h6

Les Noirs se sont bien embrouillés. Le seul moyen de continuer leur développement est le saut du Cg8 à é7 et pour cela il faut empêcher d'abord l'avance du Cavalier adverse à g5. D'où le coup du texte.

10. Cb1—d2	Cg8—é7
11. Cd2—é4	O—O
12. Dd1×d3	

Les Noirs ont enfin réussi à roquer, mais les Blancs ont renforcé entre temps leur position d'une façon formidable. Presque toutes les conditions indiquées dans le chapitre VI sont remplies : avance de développement, avantage au centre, supériorité sur l'aile roi, affaiblissement du roque des Noirs. Et déjà il y a menace et conclusion par 13. F×h6!, g×h6 ; 14. Cf6+ et mat au coup suivant.

12. .... Cc6×é5!

Les Noirs doivent prendre des mesures draconiennes pour éviter la catastrophe immédiate. Le coup du texte est un pseudo-sacrifice, qui conduit à des situations d'une complication extrême.

13. Cf3×é5 d7—d5

Une fourchette par laquelle les Noirs reprennent la pièce perdue.

14. Fc1×h6!

Diagramme 40.

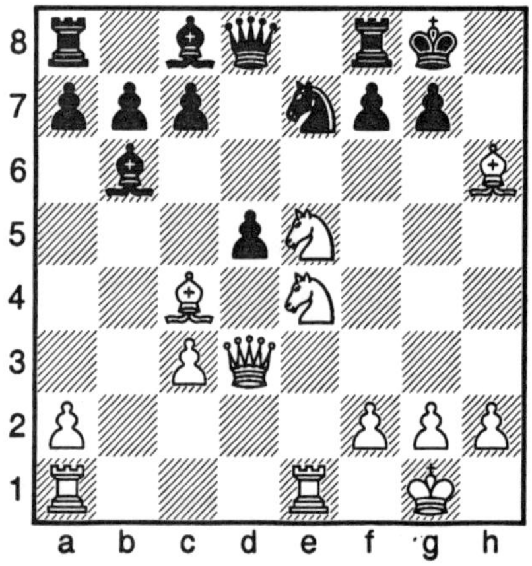

Remarquable ! Il n'y avait sans doute pas assez de pièces en prise. Mais ce qu'il y a de plus amusant, c'est que les Noirs ne peuvent prendre aucune des pièces, comme nous l'expliquons ici :

1) 14. ....d×c4 ; 15. Cf6+, g×f6 ; 16. Dg3+, Cg6 ; 17. C×g6, etc.

2) 14. ....d×é4 ; 15. D×d8 (plus fort que 15. F×f7+, Rh8) ; 15. ....T×d8 ; 16. C×f7, Tf8 (16.

....Td5; 17. Fg5!); 17. T×é4 ou 17. Fg5 avec avantage aux Blancs.

3) 14. ....g×h6! ; 15. Cf6+, Rg7 ; 16. Dh7+, R×f6 ; 17. Fd3!!. Ce dernier coup seulement force la décision. Il y a menace de 18. D×h6+ et la Tour noire ne peut pas bouger à cause de la prise à f7. Deux possibilités :

3*a*) 17. ....Cf5 ; 18. Cg4+, Rg5 ; 19. F×f5, F×f5 (si le pion h6 était protégé ; 20. Dg7+ serait concluant) ; 20. D×h6+, R×g4 ; 21. h3 mat.

3*b*) 17. ....Ff5 ; 18. F×f5, C×f5 ; 19. Cg4+, Rg5 ; 20. Té5, Dd7 ; 21. D×h6+ et mat au coup suivant.

Une poursuite passionnante du Roi noir dans un terrain découvert, calcul qui demandait un examen approfondi. Consultez pour cette variante et les suivantes le chapitre VII, thème, combinaisons.

14. .... Fc8—f5

La meilleure défense, qui permet de fermer la diagonale dangereuse d3—h7.

15. Cé4—f6+ Rg8—h8

15. ....g×f6 ; Dg3+, Fg6 coûterait la qualité après l'échange à g6 et la prise à f8. En conséquence, une grande partie des forces d'attaque des Blancs restent « en l'air ».

16. Dd3—g3 g7×h6

16. ....Cg6 échouerait sur 17. C×g6+, Fg6 ou f×g6 ; 18. Dh4! gagnant au moins la qualité. Toutefois il fallait bien que les Noirs se décident enfin à reprendre une pièce !

17. Dg3—f4

Menace mat en deux coups.

17. .... Rh8—g7
18. Cé5—g4

Avec la même menace.

18. .... Ff5×g4

Après 18....Th8 suit 19. Ch5+, Rf8 ; 20. Dé5 ou 19....Rg6 ; 20. Cgf6! dans les deux cas avec une conclusion rapide.

19. Te1×é7!!

Diagramme 41.

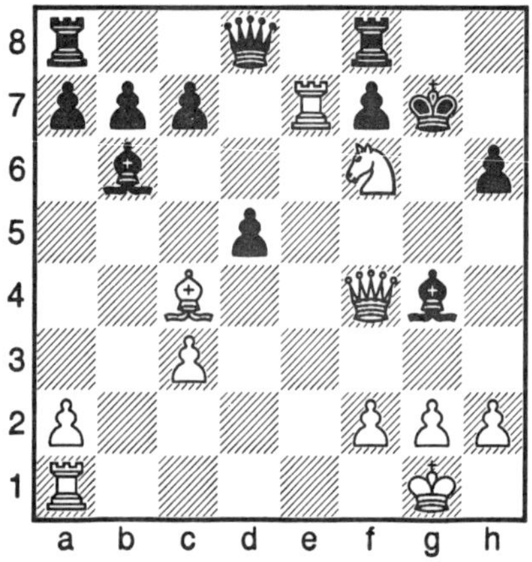

Une continuation magnifique. 19. C×g4 ne donnerait rien à cause de 19....Cg8!. Maintenant échouerait 19....D×é7, car après 20. D×g4+, Rh8 (20. ....R×f6 ; 21. Dh4+, Re6 ; 22. Te1+ coûte la Dame) ; 21. Dh4!, Rg7 ; 22. Ch5+, etc.

19. .... d5×é4

20. Cf6×g4?

Dommage ; 20. D×g4+ aurait couronné l'attaque des Blancs : 20....R×f6 ; 21. Taé1!, Dc8 (il y avait menace de 22. Té1 — é6+, par contre 21....D×é7 ; 22. Dh4+ aurait échoué) ; 22. Td7! et les Noirs n'ont plus aucun coup possible, par exemple :

1) 22. ....Té8? ; 23. Df4+ et 24. D×f7+
2) 22. ....Fc5 ; 23. Té4!, Fd6 (autrement 24. Tf4+) ; 24. Df3+, Rg7 ; 25. Tg4+, etc.

20. .... Dd8—d6

A présent les Noirs peuvent encore tenir un peu.

21. Df4—é4 Ta8—d8

Un peu mieux était 21....Fc5 ; 22. Té5, b6.

22. h2—h4 Td8—d7

22. ....Fc5 était également à retenir. L'échange des Tours fait revivre l'attaque blanche.

23. Té7×d7 Dd6×d7
24. Dé4—é5+

Un échec plein de venin, qui coupe la liaison d6—h6

24. .... f7—f6
25. Dé5—f4

Maintenant h6 n'a plus de protection et le Roi noir est sujet aux menaces directes.

25. .... Dd7—é6
26. Df4×h6+ Rg7—f7
27. Dh6—h5+ Rf7—é7
28. Ta1—d1!

Empêche une fuite prolongée du Roi noir.

28. .... Dé6—é2

Diagramme 42.

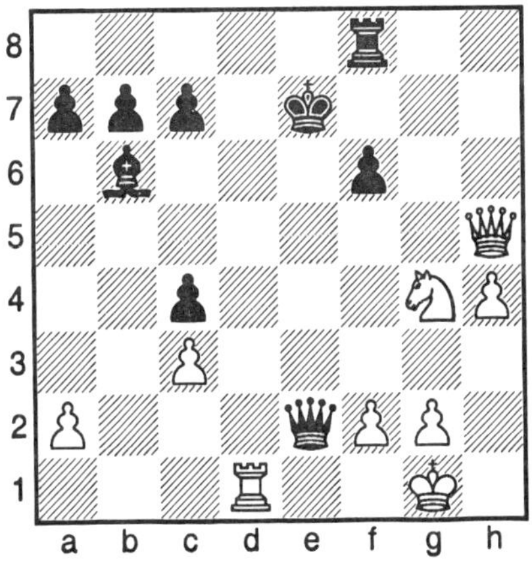

29. Dh5—h7+?

Le temps presse. La pendule est impitoyable (douze coups en quelques minutes) et les Blancs négligent de conclure par la continuation gagnante 29. Td7+!, R×d7; 30. C×f6+, T×f6 ; 31. D×é2, T×f2 ; 32. Dg4+, etc.

29.	Tf8—f7
30. Td1—d7+	Re7×d7
31. Dh7×f7+	Rd7—c6
32. Df7×f6+	Rc6—b5

Le Roi noir est pratiquement en sécurité. Les pions blancs sur l'aile roi sont encore à craindre mais bientôt les Noirs possèdent également des pions passés, qui seront aussi dangereux.

33. Cg4—h2	Fb6—a5

le pion c3 tombera bientôt.

34. Ch2—f1	Dé2—é1
35. Df6—g5+	Rb5—a4
36. Dg5—d2	Dé1×d2
37. Cf1×d2	Fa5×c3
38. Cd2×c4	b7—b5
39. Cc4—é3	b5—b4
40. Cé3—d5?	

Diagramme 43.

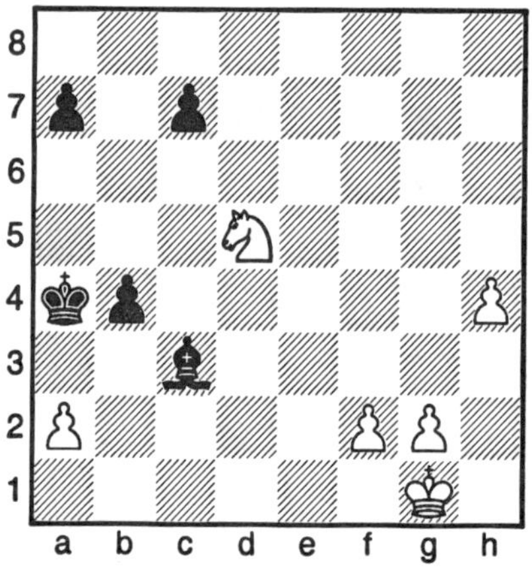

Le dernier coup avant la tombée du drapeau mais qui enlève aux Blancs la possibilité d'obtenir la nullité.

Correct était le coup immédiat 40. h5 suivi de l'avance du pion g.

Le coup du texte coûte un « tempo » important. La conséquence de 40 h5 aurait pu être 40. . . . Ra3 ; 41. g4, R×a2 ; 42. g5, b3 ; 43. Cc4, b2 ; 44. C×b2, R×b2 ; 45. h6, a5 ; 46. g6, a4 ; 47. g7, a3 ; 48. g8 dame, a2, les Blancs ne peuvent plus empêcher la promotion du pion a2, la partie est nulle.

40.	Ra4—a3
41. h4—h5	Fc3—d4
42. h5—h6	c7—c5
43. g2—g4	Ra3×a2
44. Cd5—é3	

Dans ce genre de positions, le Fou est plus fort que le Cavalier ; en effet ce dernier est obligé de sauter à droite et à gauche, tandis que le Fou peut stopper les pions ennemis de loin.

44.	b4—b3
45. Cé3—c4	b3—b2
46. Cc4×b2	Ra2×b2
47. g4—g5	c5—c4
48. g5—g6	c4—c3
49. g6—g7	c3—c2
50. g7—g8 dame	c2—c1 dame+

Et les Noirs gagnèrent en raison de leur supériorité en matériel.

Partie N° 10.

Tournoi de Bad Gastein, 1948.

Blancs : N. Rossolimo.
Noirs : A. Romanenko.

Défense Sicilienne.

1. é2—é4	c7—c5
2. Cg1—f3	Cb8—c6
3. Ff1—b5	

Une continuation inaccoutumée; le coup naturel est 3. d4. En examinant le coup du texte, on ne peut dire qu'il soit mauvais. Supposons par exemple, que les Noirs jouent maintenant 3....é6, suivi de 4....d5 (deux coups plausibles, qui nous emmèneraient dans la défense Nimzo-Indienne de la partie n° 8 avec couleurs opposées). Dans cette partie les Blancs ont deux temps d'avance — d'abord parce qu'ils ont le trait et ensuite parce qu'ils n'ont pas perdu de temps en jouant é2—é3—é4 mais immédiatement é2—é4.

Bien entendu, les Noirs ne sont pas obligés de jouer é6 et d5, mais pour conclure, le Fou blanc n'est pas mal à b5 parce qu'un échange éventuel à c6 créerait des problèmes analogues à ceux de la partie n° 8 : deux Fous contre pion doublé ; une autre question se pose : si le Cavalier saute à d4, les Blancs après échange à d4, essayeront de former un centre c3—d4, plan qui même sans Cc6—d4 est à retenir.

3.	g7—g6

Vise d4

4. O—O	

Les Blancs terminent aussi rapidement que possible leur développement, dans l'espoir d'utiliser leur avance pour une attaque sur l'aile roi, espoir qui aura d'ailleurs sa réalisation. A retenir était cependant 4. c3 (menace de 5. d4) et après 4. . . . d5 (la réaction naturelle, puisque les Blancs après échange à d5 ne peuvent plus continuer par Cc3) l'attaque foudroyante 5. Da4!, qui conduit les Noirs à une perte de pion.

4. .... Ff8—g7
5. Tf1—é1

Tout d'abord pour réserver la case f1 au Fou b5 en cas de nécessité, d'autre part pour tenir prête la Tour en cas d'ouverture de la ligne é (voyez chapitre IV).

5. .... Cg8—f6

Ce coup a de légers inconvénients. En effet la poussée é4—é5 était déjà comprise dans le plan des Blancs, et que cette avance aura davantage de force maintenant.

Toutefois le coup immédiat 6. é5 n'aurait pas beaucoup de puissance à cause de 6. . . . Cd5 suivi de 7. . . . Cc7 mais les Blancs peuvent préparer cette avance avec succès (comparez encore le centre-type n° 2, diagramme 5).

6. Cb1—c3

Afin d'enlever au Cavalier noir la case d5 après un éventuel é4—é5.

6. .... Cc6—d4

La continuation logique : le Cavalier noir saute à d4 — les Blancs ayant rendu impossible le coup c2—c3. Le coup du texte a malgré cela des inconvénients certains : les Blancs ont déjà une avance de développement et après le coup du texte cette avance se dessine plus ouvertement.

Les chances de combinaison augmentent ! (cf. chapitre VII).

7. é4—é5

A nouveau une amélioration de développement des Blancs.

7. .... Cf6—g8

Meilleur était 7....Cg4.

8. d2—d3

Les Blancs ne font que se développer de plus en plus.

8. .... Cd4×b5

Préférable était 8....a6; 9. Fc4, b5; 10. Fb3, C×b3; 11. a×b3, Fb7, parce que l'échange à b5 met le Cavalier dans une situation de forte attaque.

9. Cc3×b5 a7—a6

Permet aux Blancs de placer une combinaison, bien que les autres coups aient leurs inconvénients.

10. Cb5—d6+

Ce coup tire un profit certain de la position de la Tour é1

10. .... é7×d6?

Correct était 10....Rf8! avec une mauvaise, mais tenable position; le joueur qui a les Noirs n'avait probablement tenu compte que de la continuation 11. é×d6+, Rf8, qui ne donne rien aux Blancs.

11. Fc1—g5!!

Diagramme 44.

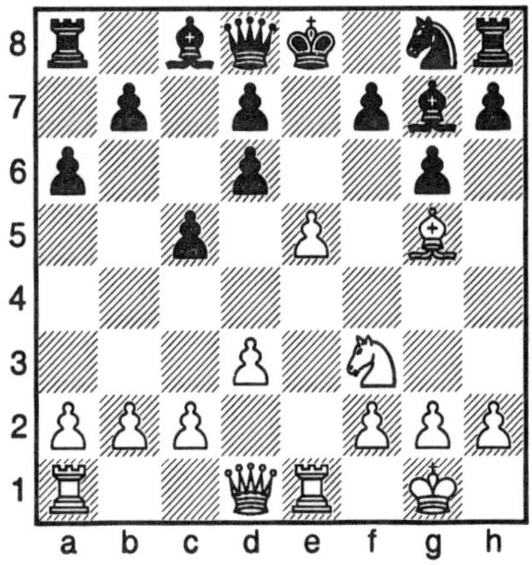

La pointe. Les Blancs mettent leur Fou en jeu avec un gain de temps et chassent la Dame. Celle-ci doit fuir. En effet, une interposition devient impossible : 11....f6 ; 12. é×f6+, etc. ou 11....Cé7 ; 12. é×d6, dans les deux cas avec une rapide conclusion.

11. .... Dd8—a5

11. ....Db6 est une variante à part que nous traiterons à la fin de la partie.

12. é5×d6+ Ré8—f8
13. Té1—é8+

Magnifique. Les Blancs sacrifient une Tour pour amener leur Dame sur la colonne é avec gain de temps. Une combinaison bien connue.

13. .... Rf8×é8
14. Dd1—é2+ Ré8—f8

Les Noirs n'ont pas le choix.

15. Fg5—é7+ Rf8—é8
16. Fé7—d8+

A nouveau joué d'une façon magnifique !

16. .... Ré8×d8
17. Cf3—g5!

Diagramme 45.

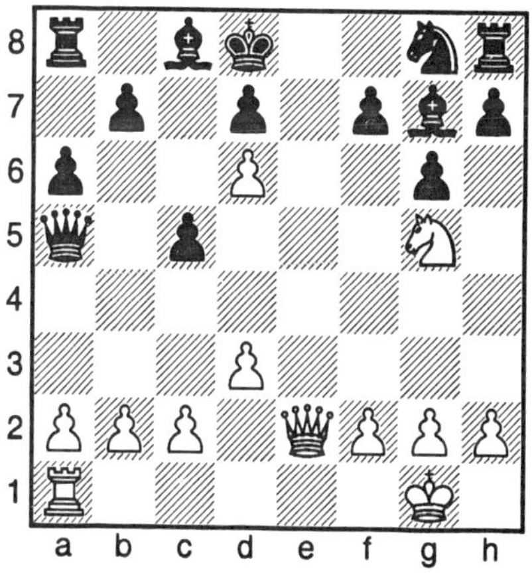

Les Noirs abandonnent, parce que le Mat est inévitable. 17. . . . Ch6 (pour garder f7). 18. Dé7 mat.

Au cas où la Dame noire serait allée (11e coup) à b6, la suite aurait pu être 17. . . . D×d6, et les Blancs auraient dû jouer autrement (en effet, après 18. C×f7+, Rc7 ; 19. C×d6, R×d6 ; et les Noirs ont du matériel plus que suffisant pour la perte de la Dame).

Donc retournons au diagramme 44.

11.	Dd8—b6
12. é5×d6+	Ré8—f8
13. Te1—é8+	Rf8×é8
14. Dd1—é2+	Ré8—f8
15. Fg5—é7+	Rf8—é8

Jusqu'ici toujours la même chose.

16. Ta1—é1!

Ce coup n'aurait pas eu (après 11. . . . Da5) le même effet à cause de la possibilité 16. . . . D×é1+ !

Maintenant le Mat n'est plus à éviter en quelques coups. Il y a menace d'un échec à volonté du Fou et Dé8 et les Noirs ne peuvent retarder le Mat et l'exécution finale se fera au plus tard après 4 coups.

16. . . . . Fé5 ; 17. D×é5, f6 ; 18. F×f6+, Rf7 ; 19. Dé8+, R×f6 ; 20. Df8 mat.

TABLE DES MATIÈRES

LES ÉCHECS AUX ÉDITIONS PAYOT

En grand format :

Jacques Baudrier et Christophe Bouton, *L'ABC de la stratégie* (184 p., 111 diagr.)

Ou comment apprendre la stratégie échiquéenne, se perfectionner sans trop souffrir et dans la bonne humeur, à travers un match entre deux joueurs fictifs, Attakanski et Defendarov...

Christophe Bouton et Jean-Pierre Mercier, *L'Almanach des échecs* (318 p., 274 diagr.)

Tous les événements de 1988 sont résumés mois par mois. 253 combinaisons publiées dans *Libération* permettent un entraînement complet avec les dix meilleures parties de cette exceptionnelle année échiquéenne.

Christophe Bernard et Bernard Lerique, *Les échecs méthodiques* (172 p., 254 diagr.)

Quand un enseignant et un maître international ancien champion de France unissent leur passion pour apprendre à jouer en s'amusant, les échecs deviennent une partie de plaisir. Cours, exercices et tests jalonnent cet ouvrage aussi utile pour les enseignants du jeu que pour les débutants organisés.

Frank Brady, *Bobby Fischer* (386 p.)

Frank Brady a rencontré le « kid de Brooklyn » à l'âge de onze ans et, depuis, il a suivi toute la carrière du champion le plus controversé des soixante-quatre cases. La première grande biographie de l'enfant terrible des échecs.

David Bronstein, *L'art du combat aux échecs* (473 p., 352 diagr.)
Considéré dans le monde entier comme l'un des plus grands classiques de la littérature échiquéenne, ce livre dévoile les secrets du milieu de partie. Bronstein analyse toutes les parties de l'un des tournois les plus fascinants de l'histoire du jeu : l'interzonal de Zürich 1953. Peu de variantes sont données. Mais le style est si limpide que l'on revit vraiment une à une ces pièces d'anthologie.

José-Raoul Capablanca, *Principes fondamentaux du jeu d'échecs* (177 p., 150 diagr.)
Le champion du monde cubain avait le sens de l'économie aux échecs, car là où les pédagogues ont développé, Capablanca a dit ce qu'il estimait essentiel. Un manuel fondamental pour les joueurs de tous niveaux.

Max Euwe, *Les échecs,* t. I : *Position et combinaison* (214 p., 132 diagr.) ; t. II : *Jugement et plan* (317 p., 168 diagr.)
Deux grands classiques de la littérature échiquéenne dans lesquels l'ex-champion du monde détaille de manière analytique comment apprendre et comprendre le jeu dans toutes ses phases.

Max Euwe, *L'indispensable aux échecs* (286 p., 260 diagr.)
Aux échecs, le débutant est très vite confronté à ce qui lui paraît insurmontable. Comment progresser alors ? En proposant son « chemin d'apprentissage », le Néerlandais Max Euwe, ancien champion du monde, trace une voie pour tous, des enfants aux parents, en passant par les enseignants.

Reuben Fine, *Les idées cachées dans les ouvertures d'échecs* (280 p., 82 diagr.)
Ce livre fait partie des quelques ouvrages qui ont marqués la littérature échiquéenne. Il éclaire le novice, nourrit le praticien et ramène aux sources tous ceux qui se sont égarés dans la théorie des ouvertures.

Hans Kmoch, *L'art de jouer les pions* (287 p., 346 diagr.)
« Les pions sont l'âme du jeu d'échecs », écrivait le grand maître Philidor. Près de deux siècles se sont écoulés depuis et la théorie se penche toujours sur les problèmes posés par les pions, qui sont le thème essentiel des manuels sur le milieu du jeu. Si Kmoch n'est pas un philosophe échiquéen comme A. Nimzowitsch, il est pour-

tant l'un des plus grands pédagogues de cette discipline, et, à cet égard, sans aucun doute le plus digne successeur du Dr Tarrasch.

Bent LARSEN, *Les coups de maître aux échecs* (169 p., 219 diagr.)
Le grand maître, qui fut candidat au titre mondial, fait partie de ces rares joueurs de haut niveau vraiment pédagogues. En rassemblant des parties et des positions exemplaires à plus d'un titre, il communique au lecteur l'amour de l'étude, avec humour et talent.

Alexandre NIKITINE, *Kasparov* (351 p., 95 diagr.)
Alexandre Nikitine a été pendant des années l'entraîneur de Kasparov. Cette biographie, unique et spécialement enrichie pour la version française, nous dévoile la formation d'un formidable champion, du petit « Garik » au grand Garri dominateur. Les dessous politiques et techniques des championnats du monde contre Karpov sont révélés pour la première fois. En complément, l'auteur analyse les cinquante parties marquantes de la carrière du plus jeune champion du monde de tous les temps.

Lev POLOUGAÏEVSKY, *Le labyrinthe sicilien,* t. I (247 p., 211 diagr.) et II (209 p., 217 diagr.)
Adepte inconditionnel de la défense Sicilienne, Lev Polougaïevsky fait partager au lecteur son amour de cette défense. C'est la première fois que la défense Sicilienne est traitée en français de manière exhaustive dans un ouvrage à la fois technique et pédagogique. Un modèle du genre.

Robert J. WADE et Kevin O'CONNELL, *Les parties d'échecs de Bobby Fischer* (507 p., 434 diagr.)
Une collecte chronologique de toutes les parties de Bobby Fischer, qui nous livrent l'art du champion à l'état brut. Édition revue et augmentée, avec notamment le match revanche Fischer-Spassky de 1992.

En poche :

Michel BENOIT, *Les échecs en trois jours* (279 p., 316 diagr.)
Dans ce manuel pour tous les débutants, le parti pris du champion de France Michel Benoit a été de commencer par enseigner les

mats fondamentaux et les fins de partie. Cette approche rare, mais systématiquement recommandée par les forts joueurs, rend possible une compréhension rapide des bases de la stratégie.

Bernard CAFFERTY, *Les 100 meilleures parties de Spassky* (330 p., 114 diagr.)
Boris Spassky vit en France. S'il joue moins aujourd'hui, son immense expérience fait de lui un champion presque imbattable.

Max EUWE et Walter MEIDEN, *Maître contre amateur* (287 p., 124 diagr.)
Quand l'amateur affronte le maître... et perd, naturellement. Toutes les fautes possibles du plus faible, stratégiques et tactiques, sont expliquées en vingt-cinq parties avec un grand art de la pédagogie.

Max EUWE et Walter MEIDEN, *L'amateur devient maître* (350 p., 177 diagr.)
Après le succès de *Maître contre amateur,* Euwe et Meiden invitent toute personne étudiant le jeu d'échecs dans un voyage périlleux : acquérir cette fameuse maîtrise de la pensée et du calcul. Leur style concis ravira tous les « candidats-maîtres ».

Alexandre KOBLENTZ et Mikhaïl TAL, *L'école des échecs,* t. I (189 p., 341 diagr.)
L'ancien champion Mikhaïl Tal était connu pour ses combinaisons brillantes. Avec son entraîneur de toujours, il donne tous les schémas d'attaque sur le roi qu'un joueur se doit de connaître. Un livre simple et accessible.

Alexandre KOTOV, *L'école des échecs,* t. II (220 p., 251 diagr.)
À l'aide des parties choisies avec soin, Kotov systématise toutes les méthodes d'attaque sur le roi ; il répertorie les différents types de sacrifices pour exposer le roi ennemi.

Bent LARSEN, *Mes 50 meilleures parties* (325 p., 79 diagr.)
Larsen analyse les parties qui l'ont hissé au plus haut niveau mondial de 1948 à 1969, tout en relatant ses péripéties de jeune maître occidental dans un monde échiquéen alors dominé par les Soviétiques.

Emanuel LASKER, *Le bon sens aux échecs* (158 p., 35 diagr.)
En douze conférences données en 1895, le jeune champion du

monde Emmanuel Lasker (1868-1941) exposa les notions de base du jeu d'échecs. Son succès fut tel qu'on lui demanda d'en faire un livre.

Pierre MEINSOHN, *Les secrets des maîtres d'échecs* (146 p., 88 diagr.)
Comment les maîtres appliquent-ils les principes fondamentaux aux échecs ? L'auteur fait le point sur les techniques d'estimation de la position, élabore douze principes fondamentaux, distille les conseils des plus grands joueurs et donne une série de tests pour calculer son vrai classement Elo.

Aaron NIMZOWITSCH, *Mon système,* t. I (189 p., 31 diagr.) et II (139 p., 75 diagr.)
Nimzowitsch (1886-1935) est le premier à avoir su scinder la stratégie du jeu en plusieurs thèmes. Son livre, qui ne donne pas de recettes mais réapprend l'art de la réflexion, fut en 1925 le manifeste de l'école « hypermoderne ».

Aaron NIMZOWITSCH, *Pratique de mon système* (282 p., 130 diagr.)
Cette traduction inédite, la première à respecter scrupuleusement l'édition allemande, est une formidable synthèse de tous les principes de Nimzowitsch, illustrée par ses parties avec les plus grands de ses contemporains.

Ludek PACHMAN, *Les ouvertures* (158 p., 35 diagr.)
Bien connaître les ouvertures est une étape importante si l'on veut ne pas perdre dès les premiers coups. Ludek Pachman, inlassable pédagogue du jeu d'échecs, a donc répertorié toutes les ouvertures à l'aide de nombreuses variantes. Un petit missel indispensable si l'on ne veut pas perdre… dans l'ouverture.

Georges RENAUD et Victor KAHN, *L'art de faire mat* (204 p., 202 diagr.)
Pour donner « échec et mat » dans une position donnée, il faut d'abord reconnaître la possibilité du mot et ensuite l'exécuter. Deux anciens champions de France de l'entre-deux-guerres se sont efforcés de dénombrer méthodiquement les positions types de mat.

Richard RÉTI, *Cours scientifique d'échecs* (86 p., 55 diagr.)
Après avoir battu en brèche l'école classique, Réti s'est attaché à classer les grands principes échiquéens de manière scientifique.

Richard RÉTI, *Les idées modernes aux échecs* (88 p., 34 diagr.)
À l'aide de parties expliquées avec une grande sobriété, mais avec toute la science du maître, Réti revient en profondeur sur les principes qui régissent la stratégie et la tactique du jeu d'échecs depuis plus de cent ans. Au passage, il brosse le portrait des grands maîtres d'autrefois et de leur style.

Michael STEAN, *Les échecs simples* (110 p., 83 diagr.)
Pour accompagner le boom des échecs anglais à la fin des années soixante-dix, le grand maître a voulu expliquer la stratégie en termes simples et pragmatiques. Pari tenu, dans une sorte de bible permanente et pratique du jeu d'échecs.

Siegbert TARRASCH, *Traité pratique du jeu d'échecs* (463 p., 339 diagr.)
Douzième édition de ce grand classique, qui connaît un succès constant depuis 1931. Dans ce modèle de précision sont répertoriés tableaux de mat, finales et finesses du milieu de jeu. Exception faite de la théorie des ouvertures, ce livre n'a pas pris une ride.

Xavier TARTACOVER, *Tartacover vous parle* (335 p., 140 diagr.)
Le premier grand livre d'échecs de l'après-guerre, resté pourtant inédit depuis 1953. L'auteur du très célèbre *Bréviaire des échecs* raconte ici ses tournois et commente ses parties, de 1905 à 1931, le tout dans un français pétillant.

Cet ouvrage reproduit par procédé photomécanique
a été achevé d'imprimer sur presse Cameron
par ***Bussière Camedan Imprimeries***
à Saint-Amand-Montrond (Cher) le 11 mars 1999

ISBN 2-228-88029-9
— N° d'impression : 990442/1. —
Dépôt légal : mars 1999.
Imprimé en France